张振江 编著

铁血建国
TIEXUE JIANGUO

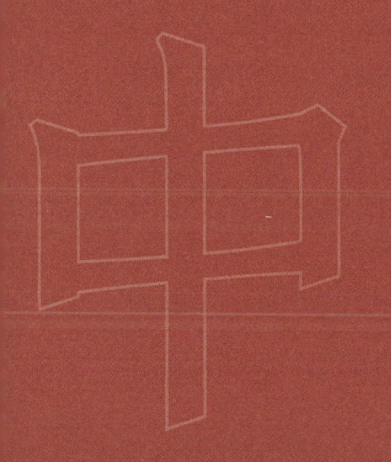

济南出版社

序言 XU YAN

爱国热情激扬青少力量

爱国主义是推动中国社会前进的巨大力量，是各族人民共同的精神支柱，是社会主义精神文明建设的重要组成部分，更是引导广大青少年树立正确理想信念、培育时代新人的战略工程。

在中华民族五千年的发展历程中，爱国主义激励着一代代中华儿女为祖国的繁荣发展不懈奋斗。从"盘古开天""精卫填海"到"大禹治水""愚公移山"等感人故事中，反映出中华民族不畏艰险、拼搏奉献、创造美好生活的进取基因，为世世代代中华儿女注入了一股"励志兴国"的强大力量。从"岳飞精忠报国""戚继光抵御倭寇"到"文天祥碧血丹心""夏明翰追求真理"的血性胆气中，释放出的是舍生取义、气壮山河"精忠报国"的赤诚情怀。"万里长征雪雕魂""铁流后卫打冲锋""狼牙山捐躯为国"等彪炳史册的壮举，记录了无数优秀中华儿女为救亡图存浴血杀敌，为民族独立和人民解放"铁血建国"的牺牲奉献。中华人民共和国成立以来，中国共产党领导人民以前所未有的爱国热情推动社会主义革命和建设，实现了中华民族有史以来最为广泛和深刻的社会变革。改革开放以来，党领导人民大力弘扬民族精神和时代精神，解放思想，锐意进取，创造了改革开放和社会主义现代化建设的伟大成就。进入新时代，党把实现中华民族伟大复兴的中国梦作为当代中国爱国主义的鲜明主题，团结带领人民推动党和

LOVE MY CHINA

国家事业取得历史性成就、发生历史性变革。在波澜壮阔的革命斗争和建设发展征程中，涌现出许多可歌可泣的英雄模范，像钱学森、雷锋、杨善洲、杜富国等"奋进强国"的先进人物，他们既是爱国主义的杰出代表，又是爱国主义教育的生动教材。

《中华人民共和国爱国主义教育法》于2024年正式实施，标志着爱国主义教育进入崭新阶段。该法规在规定面向全体公民开展爱国主义教育的同时，突出强调要抓好学校和家庭对青少年的教育。要教育引导青少年更好认识和认同中华文明，增强做中国人的志气、骨气、底气。"自古英雄出少年""少年强则国强"。爱国主义成为亿万青少年融入血脉的精神基因，积淀出最深层、最持久、最赤忱的民族情感。爱国主义是党领导青少年成长的一面光辉旗帜，广大青少年坚决响应党的号召，积极投身伟大斗争、伟大工程、伟大事业、伟大梦想的实践，为党和国家事业贡献了青少力量。

青少年朋友们，摆在你们面前的这套"爱我中国"系列图书，是励志的样板、做人的楷模、催征的战鼓，蕴含着榜样和文化的精神能量。青少年们生在伟大的国家，长在伟大的时代，只要铸牢信仰的基石，把祖国和人民放在心中最高位置，就一定能够奏响"请党放心，强国有我"的旋律，用爱国之情、强国之志、报国之行去书写属于你们的壮丽华章吧！

目录

一	半条被子鱼水情	01
二	七根火柴暖心窝	09
三	金色鱼钩传佳话	17
四	万里长征雪雕魂	25
五	铁流后卫打冲锋	33
六	上甘岭苹果传奇	45

爱我中国
铁血建国

七	红嫂人桥托壮举	53
八	真理味道甜入心	63
九	狼牙山捐躯为国	69
十	刘老庄浴血杀敌	77
十一	红色摇篮育英才	83
十二	无腿英雄钢铁汉	91
	后　记	103

TIEXUE JIANGUO

一

半条被子鱼水情

　　位于湘粤赣三省交界的湖南省郴州市汝城县，山岭陡峻，四面环山，素有"鸡鸣三省，水注三江"之称，由于其特殊的地理位置，是当年中央红军长征时进入湖南的第一站。当时，八万多人的革命队伍，沿着蜿蜒的山路翻过罗霄山脉大大小小的山头，历经大小战斗数十次，在此顺利突破敌人的封锁线。"半条被子"的故事就发生在这里。

　　"一定要跟共产党走，因为共产党人是只有一条被子也要分给你一半的好人。"1991年，在汝城县沙洲村，一位老人临终前这样叮嘱儿孙。

　　老人名叫徐解秀。1934年11月，红军长征队伍来到汝城，驻扎在沙洲村一带。时已入冬，寒风凛冽，徐解秀招呼三位女红军进屋住，烧了水让她们烫脚，女红军则帮徐解秀带孩子、烧火煮饭，并不时地给徐解秀夫妇讲革命道理。夜深时，女战士们要休息了，可徐解秀家里一贫如洗，

爱我中国
LOVE MY CHINA

半条被子

仅有一张木架床，床上铺着稻草和破棉絮，盖的也是一堆烂棉絮，家里连一条完整的被子都没有。徐解秀在床边架上一块板子用来搭脚，和三个女红军横着挤在仅有1.2米宽的床上，四个人身上盖的是女红军行囊里唯一的一条行军被，徐解秀的丈夫则睡在门口的草堆上守护着她们。

几天后，部队继续向西转移，三位女红军希望把这唯一的被子留给徐解秀。徐解秀不忍心，说什么也不肯要，两方争执不下。见状，一名女红军索性拿起剪刀，将行军被剪成了两半，其中半条给了徐解秀，并告诉她："红军同其他当兵的都不一样，因为红军是共产党领导的，是人民的军队，打敌人就是为了让老百姓过上好生活。等革命胜利了，我们会给你送一条新被子来，说不定还送来褥子呢。"此后，徐解秀和丈夫朱兰芳二人一路送三位女红军走过田埂，朱兰芳再护送她们翻过高山，踏上征途。

就这样，半条被子和一个"胜利后再见"的承诺，成了徐解秀心里久久不能放下的牵挂……直到50年后，一位重走长

征路的记者来到汝城，当时年过八旬的徐解秀老人泪眼婆娑地把这个故事告诉了对方，并请他帮忙寻找那三位像亲人一样的女红军，才让越来越多的人知道了"半条被子"的故事。1991年，邓颖超同志联合康克清、蔡畅等十多位老红军委托发掘该故事的记者给徐解秀老人送去一条被子。遗憾的是，当被子送到徐解秀老人家时，老人已去世。

半条被子温暖了徐解秀老人，也点燃了徐解秀一家人的红心。如今，徐解秀的儿子朱中雄每天都会来到祖居老屋打扫卫生，并向访客展示徐解秀当年藏被子的暗格；徐解秀的长孙朱分永从小听祖母讲"半条被子"的故事，并按照祖母的嘱托加入了中国共产党，成为沙洲村的党支部书记；徐解秀的曾孙女朱淑华则放弃了幼儿园教师的工作，成为"半条被子的温暖"专题陈列馆的讲解员，把"半条被子"的故事继续讲下去。

徐解秀一家的变化也是整个沙洲村变化的写照。如今的沙洲村，不仅实现了全村脱贫，"十三五"期间，村民人均年收入更是增长了3倍多，达到1.5万多元；村里还大力发展起了红色旅游，每年接待游客几十万人次。

红色基因，在这青山绿水间世世代代传承下来。在沙洲人民看来，就像徐解秀老人所说的，我们要永远跟着共产党走，"只要跟着共产党走，就会有好日子"。

2020年9月16日，习近平总书记来到沙洲村考察时，特意讲起这个故事。总书记表示，"半条被子"的故事体

现了中国共产党人的初心和本色，当年红军在缺吃少穿、生死攸关的时候，还想着老百姓的冷暖，真是一枝一叶总关情！老百姓也由此理解了什么是中国共产党领导的人民军队。

历经风雨，时光荏苒。如今，在党的领导下，沙洲村也从一个特困区的村落蝶变为中国美丽休闲乡村。从"半条被子"到幸福日子，展现出的既是人民军队与老百姓鱼水情深的缩影，也是中国共产党始终坚持与人民同呼吸共命运的初心见证。

爱我中国
LOVE MY CHINA

半条被子
BAN TIAO BEI ZI

【延伸阅读】延安双拥

　　延安双拥运动，指的是 1943 年春节期间，由陕甘宁边区各级政府和八路军留守兵团各部队共同发起的一次拥政爱民和拥军优抗的大规模的群众运动。以整政、整军、整民、整关系（即整顿党政军民关系）为任务，通过军队"拥政爱民"、边区"拥军拥政"双向活动的展开，在军民反省、军民互助、法制规范监督下，达到军爱民、民拥军，军民一致、军政一致的目的。这一运动开创了每年春节期间，政府和军队都把"双拥"作为"旧历年节中最重要的革命工作"的先河，探索了中国特色的巩固军政军民团结的制度方法，践行了全心全意为人民服务的党性宗旨和党指挥枪建军原则，成为中国共产党独特的政治优势和传家宝，因而具有重大历史意义。解放战争时期，"拥军优抗"演变为"拥军优属"，双拥运动也成为地方开展拥军优属、军队开展拥政爱民活动的总称，并沿用至今。

延安双拥运动虽然发生在抗战后期，却是伴随中国共产党、人民军队建立并发展，成为中国军民的一项光荣传统。它带来的历史功绩是巨大的。据不完全统计，从1946年7月至1948年1月，陕甘宁边区共有50705人参加人民解放军，另有1.4万余人加入地方干部队伍。人民解放军由长征到陕北时的3万人发展到1949年4月的400多万人。边区人民竭尽所能，支援前线。据不完全统计，1948年至1949年，边区人民动员支前单担两万余副，支前民工总工数1177万余人，支前畜力总工数174万余个，运输车辆工数48万个，各界妇女共做军鞋92万余双。

伴随着人民军队向全国的胜利进军和中国特色社会主义建设、改革的展开，军政军民关系的内涵由原来的政治、军事领域，扩展到经济、社会、文化、法律等领域；军政军民关系的外延也扩大到社会各阶层，甚至遂行多样化任务，在脱贫攻坚等新的情况中得到彰显和升华。在全面建设社会主义现代化国家、全面推进中华民族伟大复兴的新征程中，只要我们进一步做好拥军优属、拥政爱民工作，不断巩固发展坚如磐石的军政军民团结，就一定能从胜利走向胜利。

爱我中国
LOVE MY CHINA

习近平总书记说过，最伟大的力量是同心合力。新形势下，双拥工作只能加强、不能削弱。军地合力，军民同心，我们就一定能实现第二个一百年奋斗目标、实现中华民族伟大复兴的中国梦，共同创造更加美好的未来。我党我军发展的历史也充分证明：无论是战争年代还是和平建设时期，双拥工作都是一项带有全局性、战略性的工作，是我们战胜困难、夺取胜利的重要法宝。

七根火柴暖心窝

天亮的时候，雨停了。

红军长征队伍行走的草地气候就是奇怪，明明是月朗星稀的好天气，忽然一阵冷风吹来，浓云霎时把天遮得严严的，接着，暴雨夹杂着栗子般大的冰雹倾泻下来。

被暴雨冲洗过的荒草，像用梳子梳理过似的，躺倒在烂泥里，连路也给遮没了。天，还是阴沉沉的，偶尔还有几颗冰雹洒落下来，打在那浑浊的绿色水面上，溅起一朵朵浪花。

卢进勇从树丛里探出头来，四下望了望。整个草地都沉浸在一片迷蒙的雨雾里，看不见人影，听不到人声。

他咒骂着这鬼天气，从树丛里钻出来，长长地伸了个懒腰。一阵凉风吹得他连打了几个寒战，他这才发现衣服完全湿透了。

"要是有堆火烤，该多好啊！"他望着那顺着裤脚流

爱我中国
LOVE MY CHINA

七根火柴

下的水滴想到。他也知道这是妄想——不但是现在，就在他掉队的前一天，他们连里已经因为没有引火的东西而只好吃生的东西了。这时，他在裤袋外触到了黏黏的东西。他心里一喜，连忙蹲下身，把裤袋翻过来。果然，在裤袋底部粘着一小撮青稞面粉，此时的面粉已经被雨水泡成了稀糊。他小心地把这些稀糊刮下来，居然有鸡蛋那么大的一团。他吝惜地捏着这块面团，心里不由得暗自庆幸："幸亏昨天早晨没有发现它们。"已经一天一夜没有吃东西了，这会儿看见了可以吃的东西，更饿得难以忍受。为了不致一口吞下去，他把面团捏成了长条。正要把它送进嘴里，突然听见一声低低的叫声："同志——"

这声音那么微弱、低沉，就像从地底下发出来的。他略微愣了一下，便一瘸一拐地向着那声音走去。卢进勇蹒跚地跨过两道水沟，来到一棵小树底下，才看清楚那个打招呼的人。他倚着树干，半躺在那里，身子底下是一汪污水，想必是有很长时间没有挪动了。他的脸色更是吓人，被雨打湿了的头发粘贴在前额上，雨水沿着

头发、脸颊流着。眼眶深深地塌陷下去，眼睛努力地闭着，只有喉结在一上一下地抖动，干裂的嘴唇一张一翕地发出低低的声音："同志——同志——"

听见卢进勇的脚步声，那个同志吃力地张开眼睛，挣扎了一下，似乎想坐起来，但动不了。

卢进勇看着这情景，眼睛里像揉进了沙子，一阵酸涩。在掉队的两天里，这已经是他第三次看见战友倒下来了。"一定是饿坏了！"他想，连忙抢上一步，搂住那个同志的肩膀，把那点青稞面递到那个同志的嘴边说："同志，快吃点吧！"

那同志抬起失神的眼睛，呆滞地望了卢进勇一眼，吃力地举起手推开他的胳膊，嘴唇动了好几下，齿缝里挤出了几个字："不，没……没用了。"

卢进勇望着那张冻得乌青的脸，和那脸上挂着的雨滴，痛苦地想："要是有一堆火、一杯热水，也许他能活下去！"

他望着雾蒙蒙的远处，随即拉住那同志的手腕说："走，我扶你走吧！"

那同志闭着眼睛摇了摇头，没有回答，看来是在积攒着浑身的力量。过了好一会儿，他忽然睁开了眼，右手指着自己的左腋窝，急急地说："这……这里！"

卢进勇惶惑地从那同志的腋窝下摸出了一个硬硬的纸包，递到那个同志的手里。那同志一只手哆哆嗦嗦地打开了纸包，里面并排摆着一小堆干燥的火柴。红红的火柴头聚集在一起，正压在一枚朱红的印章的中心，像一簇正在跳动的火焰。

"同志，你看着……"那同志向卢进勇招招手，他伸开一个冻得僵直的手指，小心翼翼地拨弄着一根根火柴，口里小声数着，"一，二，三，四……"一共只有七根火柴，他却数了很长时间。数完了，又向卢进勇望了一眼，意思好像说："看明白了？"

"是，看明白了！"卢进勇高兴地点点头，心想：这下子可好办了！他仿佛看见了一个通红的火堆，他正扶着这个同志偎依在火堆旁……

就在这一瞬间，他发现那个同志眼睛里那死灰般的颜

色忽然不见了，发射出一种喜悦的光。"记住，这……这是，大家的！"他蓦地抽回手去，深深地吸了一口气，用尽所有的力气举起手来，直指着正北方向："好，好同志……你……你把它带给……"话就在这里停住了。卢进勇觉得自己的臂弯猛然沉了下去！他的眼睛模糊了。远处的树、近处的草、那双紧闭的眼睛……一切都像整个草地一样，雾蒙蒙的、湿漉漉的；只有那只手是清晰的，它高高地擎着，像一只路标，笔直地指向长征部队前进的方向。

　　这以后的路，卢进勇走得特别快。

　　在无边的暗夜里，一簇簇火焰烧起来了。在风雨中、在烂泥里行走了几天的战士们，围着这熊熊的野火谈笑着，湿透的衣服上冒起一层雾气，洋瓷碗里的野菜冒出"剌剌"的响声……

　　卢进勇悄悄走到后卫连指导员的身边。映着那闪闪跳动的火光，他用颤抖的手指打开了那个纸包，把剩下的六根火柴一根根递到指导员的手里，以一种异样的声调在数着："一，二，三，四……"

七根火柴

QI GEN HUO CHAI

【延伸阅读】朱德的扁担

　　井冈山革命根据地地处罗霄山脉中段，是湘赣两省的交界。周围五百里都是崇山峻岭，地势十分险要。1928年4月，朱德、陈毅带领南昌起义的部分队伍和湘南农军，到达井冈山革命根据地的砻市，同毛泽东带领的工农革命军会师，组成工农革命军第四军（不久改称工农红军第四军），毛泽东任党代表，朱德任军长。同年11月中旬，红军集合在宁冈新城、古城一带，进行冬季训练。由于湘赣两省被敌军严密封锁，井冈山根据地同国民党统治区几乎断绝了一切贸易往来，根据地军民生活十分困难，所需要的食盐、

棉花、布匹、药材以及粮食奇缺，筹款也遇到很多困难。除粮食外，红军官兵每人每天5分钱的伙食费也难以保证。一日三餐大多是糙米饭、南瓜汤，有时还吃野菜。严冬已到，战士们仍然穿着单衣。

为了解决眼前的吃饭和粮食储备问题，红四军司令部发起下山挑粮运动。这些粮食大部分从宁冈的大陇运来。大陇的粮食是砻市、古城等地集中起来存在那里的。朱德也常随着队伍去挑粮，一天往返50公里，光是空手上山下山都很吃力。但他的两只箩筐每次都装得满满的，走起路来还十分稳健利落，年轻力壮的小伙子也常被他甩得老远。战士们从心眼里敬佩朱军长，但又心疼他。四十开外的人了，为革命日理万机，还要翻山越岭去挑粮，累坏了怎么办？大家一商量，就把他的扁担藏了起来。朱德没了扁担，心里很着急，他让警卫员到老乡那儿买了一根碗口粗的毛竹，自己动手，连夜做起了扁担。月光下，他破开竹子，熟练地削、刮、锯，一会儿就把一面黄一面白的半片竹子，做成了一根扁担。

第二天，天还没亮，挑粮的队伍又出发了，朱德仍然走在战士们中间，大家看见他又有了一根新扁担，感到十分惊讶，崇敬之外更增添了几分干劲。从此，朱德的扁担的故事传开了。井冈山军民为了永远纪念朱德这种身先士卒、艰苦奋斗的精神，专门编了一首歌赞颂他："朱德挑粮上坳，粮食绝对可靠，大家齐心协力，粉碎敌人'会剿'"。

金色鱼钩传佳话

1935年秋天，红四方面军进入草地，许多同志得了肠胃病。我和两个小同志病得实在赶不上队伍了，指导员派炊事班长照顾我们，让我们走在后面。

炊事班长快四十岁了，个子挺高，背有点儿驼，四方脸，高颧骨，脸上布满了皱纹。全连数他岁数最大，对大家又特别亲，大伙都叫他"老班长"。

三个病号走不快，一天只能走二十来里路。一路上，老班长带我们走一阵歇一阵。到了宿营地，他就到处去找野菜，和着青稞面给我们做饭。不到半个月，两袋青稞面吃完了。饥饿威胁着我们。老班长到处找野菜，挖草根，可是光吃这些东西怎么行呢？老班长看我们一天天瘦下去，他整夜整夜地合不拢眼。其实这些天他比我们瘦得还厉害呢！

一天，他在一个水塘边给我们洗衣裳，忽然看见一条鱼跳出水面。他喜出望外地跑回来，取出一根缝衣针，烧红了，弯

爱我中国
LOVE MY CHINA

金色鱼钩

成个钓鱼钩。这天夜里，我们就吃到了新鲜的鱼汤。尽管没有调料，可我们觉得没有比这鱼汤更鲜美的食物了，吃了个精光。

有一次，我禁不住问他："老班长，您怎么不吃鱼啊？"他摸了摸嘴，好像回味似的说："吃过了。我一起锅就吃，比你们还先吃呢。"我不信，等他收拾完碗筷走了，就悄悄地跟着他。走近一看，我不由得呆住了。他坐在那里捧着搪瓷碗，嚼着几根草根和我们吃剩下的鱼骨头，嚼了一会儿，就皱紧眉头硬咽下去。我觉得好像有万根钢针扎着喉管，失声喊起来："老班长，你怎么……"

老班长猛抬起头，看见我目不转睛地看着他手里的搪瓷碗，支支吾吾地说："我，我早就吃过了。看到碗里还没吃干净，扔了怪可惜的……"

"不，我全知道了。"我打断了他的话。

老班长转身朝两个小同志睡觉的地方看了一眼，一把把我搂到身边，轻声说："小声点儿，小梁！咱俩是党员，你既然知道了，可不要再告诉别人。"

"可是，你也要爱惜自己啊！"

"不要紧,我身体还硬实。"他抬起头,望着夜色弥漫的草地,过了好一会儿,才用低沉的声音说,"指导员把你们三个人交给我,他临走的时候对我说'他们年轻。一路上,你是上级、是保姆、是勤务员,无论多么艰苦,也要把他们带出草地。'小梁,你看这草地,无边无涯,没个尽头。我估计,还要二十天才能走出去。"

第二天,老班长端来的鱼汤特别少,每个搪瓷碗里只有小半条猫鱼,上面漂着一丁点儿野菜。他笑着说:"吃吧,就是少了点儿。唉!一条好大的鱼已经上了钩,又跑啦!"

我端起搪瓷碗,觉得这个碗有千斤重,怎么也送不到嘴边。两个小同志不知道为什么,也端着碗不往嘴边送。老班长看到这情况,收敛了笑容,眉头拧成了疙瘩。他说:"怎么了,吃不下?要是不吃,咱们就走不出这草地。同志们,为了革命,你们必须吃下去。小梁,你不要太脆弱!"最后这句话是严厉的,意思只有我知道。

我把碗端到嘴边,泪珠大颗大颗地落在热气腾腾的鱼汤里。我悄悄转过身,擦擦眼睛,大口大口地咽着鱼汤。老班长看着我们吃完,脸上的皱纹舒展开了,嘴边露出了一丝笑意。可是我的心里好像塞了铅块似的,沉重极了。

挨了一天又一天,渐渐接近草地的边了,我们的病却越来越重。我还能勉强挺着走路,那两个小同志连直起腰来的力气也没有了。老班长瘦得只剩皮包骨头,眼睛深深地陷了下去,但他还一直用饱满的情绪鼓励着我们。我们就这样扶一段、搀一段，终于走到草地边上。

这天上午，老班长快活地说："同志们，咱们在这儿停一下，好好弄点儿吃的，鼓一鼓劲，一口气走出草地去。"说罢，他就拿起鱼钩找水塘去了。

我们的精神特别好，四处去找野菜、拾干草，好像过节似的。但是过了好久，还不见老班长回来。我们四面寻找，最后在一个水塘旁边找到了倒在地上，已经昏迷不醒的他。

我们都慌了。要挽救老班长，最好的办法是让他赶快吃些东西。我们立即分工，我去钓鱼，剩下的一个人照料老班长，另一个人生火。总算钓上来一条小鱼，我们熬了鱼汤送到老班长嘴边。"老班长，你吃啊！我们抬也要把你抬出去！"我几乎要哭出来了。

"不，你们吃吧。你们一定要走出草地去！见着指导员，告诉他，我没完成党交给我的任务，没把你们照顾好。看，你们都瘦得……"老班长用粗糙的手无力地抚摸我的头。突然间，他的手垂了下去。

"老班长！老班长！"我们失声地叫着。但老班长还是慢慢地闭上了眼睛。

我们扑在老班长身上，抽噎着，很久很久……

擦干了眼泪，我把老班长留下的鱼钩小心地包起来，放在贴身的衣兜里。我想："等革命胜利以后，一定要把这个闪烁着金色光芒的鱼钩送到革命烈士纪念馆去，让我们的子孙都来瞻仰它。"

爱我中国 LOVE MY CHINA

金色鱼钩
JIN SE YU GOU

【延伸阅读】南泥湾大生产

　　南泥湾位于陕北延安东南的黄龙山区，原是一片荆棘丛生的荒野，但土质肥沃，可耕面积较大，适于大规模垦荒生产。1941年初，八路军第三五九旅奉命开进南泥湾地区，一手拿枪练兵备战，一手拿锄垦荒屯田，实行"屯田政策"。在生活条件极为艰苦且资金十分困难的情况下，指战员自己动手建窑洞、搭帐篷、挖野菜、制农具，逐步解决了吃住和生产资料问题。为掌握当地耕作技术，他们派出人员向边区劳动英雄学习撒种、施肥、留苗等农作技术。经过2年的努力，农业、工业、运输业等各项生产都取得了显著成果，共垦荒播种3.8万亩，收获细粮4250石。1943年，南泥湾开展了规模更大的生产运动。全旅上下一律参加生产劳动，各级领导以身作则，广泛开展劳动竞赛，极大地激发了指战员的劳动积极性。这一年，垦荒播种10万多亩，收获细粮1.2万石，畜牧业和工商业也得到了很大发展。1944年，生产规模进一步扩大，累计垦荒种地达到26.1万亩。当年10月，主力部队南调，所余部队不足4000人，完成秋收任务有困难，遂将一部分土地移交兄弟部队和边区各机关管理。这一年全旅收获粮食2万多石。

第三五九旅在南泥湾地区开展的大生产运动中，认真贯彻执行了中共中央"自力更生""自己动手，克服困难"的方针，以农业为第一位，工业与运输业为第二位，商业为第三位。较大规模的工业、运输业和商业由旅部直接经营，农业、畜牧业和小的工商业由团直或连队经营。从1942年起，旅、团两级组织了生产委员会，并配备了管生产的专职干部，团设生产副官，营、连两级分别设经济副营长、副连长。

第三五九旅经过几年的艰苦奋斗，创造了大量财富。不仅完成了生产自给任务，而且在农业、工业、运输业和商业等方面取得很大成绩，打下了能够达到完全自给的经济基础。综合计算，经费自给率达到：1941年78.5%，1942年90.3%，1943年93.3%。通过生产劳动，逐步实现了丰衣足食，减轻了人民负担，培养了自力更生、艰苦

奋斗的作风，支援了边区建设，为抗日战争胜利做出了贡献，为全军和各抗日根据地树立了"自己动手，丰衣足食"的榜样。八路军第三五九旅艰苦奋斗的创业精神被誉为"南泥湾精神"，成为教育全国人民发扬艰苦奋斗光荣传统的宝贵精神财富。

四

万里长征雪雕魂

红军队伍在冰天雪地里艰难地前进。严寒把云中山冻成了一个大冰坨，狂风呼啸，大雪纷飞，似乎要吞掉这支装备很差的队伍。首长早把他的马让给了重伤员。他率领战士们向前挺进，在冰雪中为后续部队开辟一条通路。等待他们的是恶劣的环境和残酷的战斗，可能吃不上饭，可能睡雪窝，可能一天要走一百几十里路，可能遭到敌人的突然袭击……这支队伍能不能经受住这样严峻的考验呢？将军思索着。

队伍忽然放慢了速度，前面有许多人围在一起，不知在干什么。将军边走边喊："不要停下来，快速前进！"将军的警卫员回来告诉他："前面有一个人被冻死了。"

将军愣了愣，一言不发朝那边走去。一个冻僵的老战士，倚靠一棵光秃秃的树干坐着，一动也不动，好似一尊塑像。他浑身都落满了雪，可以看出镇定、自然的神情，却一时无法辨认面目，半截带纸卷的旱烟还夹在右手的中指和食指间，

爱我中国
LOVE MY CHINA

烟火已被风雪打熄。他微微向前伸出手来，好像要向战友借火，单薄破旧的衣服紧紧地贴在他的身上。

将军的脸上顿时阴云密布，嘴角边的肌肉明显地抽动了一下，转过头向身边的人吼道："叫军需处长来，为什么不给他发棉衣？"一阵风雪吞没了他的话。他红着眼睛，像一头发怒的狮子，样子十分可怕。可是，却没有人回答。"听见没有，警卫员？！快叫军需处长跑步过来！"将军两腮的肌肉大幅度地抖动着，不知是由于冷，还是由于愤怒。

这时候，有人小声告诉将军："他就是军需处长……"

将军突然愣住了，他怔怔地伫立了足有一分钟。雪花无声地落在他的脸上，融化成闪烁的泪珠……他深深地呼出一口气，缓缓地举起了右手，向那位与云中山化为一体的军需处长敬了一个庄严的军礼。

雪更大了，风更狂了。大雪很快覆盖了军需处长的身体，他变成了一座晶莹的丰碑。将军什么话也没说，大步地钻进了弥天的风雪之中，他听见无数沉重而又坚定的脚步声，

那声音似乎在告诉人们：如果胜利不属于这样的队伍，还会属于谁呢？

将御寒冬衣全部分发给战友，自己却冻死在雪山上的这名军需处长，只是长征途中后勤官兵的一个缩影。

红军长征途中，当面对生死抉择时，这名军需处长把生的希望让给他人。一位老红军说，过雪山草地那么困难，红军战士总是先想到别人，而不是自己。"管做饭的饿死了，管衣服的冻死了，有力气的累死了。这就是红军的友爱精神。"在党史专家得出过这样的结论：过雪山草地牺牲最多的是炊事员、担架员和物资管理员。《长征：前所未闻的故事》一书中也写道："大雪山上，伤亡的大多是后勤人员，如担架员和炊事员……"高高雪山和茫茫草地，铭记着后勤官兵的忠诚。他们用热血和生命铸就了一座人类精神和情感的丰碑，正是有了如此崇高的思想境界，红军才战胜了空前的困难，用顽强意志跨越了人类生存极限，创造了人间奇迹。

"觉悟看似无形，关键时就会显现出强大力量。我们党就是靠着千千万万具有高度政治觉悟的先进分子无私奉献，才赢得了一场场艰苦卓绝的斗争。"红军走长征路时，响亮地提出"强帮弱，大帮小，走不动的扶着走，扶不动的抬着走，一个也不能掉队"。今天，中国将开启全面建设社会主义现代化国家新征程。新长征路上，每一个中国人都是主角，都有一份责任。

雪雕魂

XUE DIAO HUN

【延伸阅读】长征

　　二万五千里长征，简称"长征"，是土地革命战争时期中国工农红军主力从长江南北各根据地向陕北革命根据地（亦称陕甘苏区）进行的战略大转移。从1934年10月开始至1936年10月结束，历时两年，行程二万五千里。

　　1934年，由于王明"左"倾教条主义的错误领导，以及敌强我弱的不利形势，中央革命根据地（亦称中央苏区）第五次反"围剿"战争遭遇失败，中央红军主力开始长征，同时留下部分红军就地坚持游击战争。8月，中共中央和中央军委为了给中央红军战略转移探索道路，命令红六军团

撤离湘赣苏区。10月，红六军团与红三军会合，并创建了湘鄂川黔革命根据地。

10月上旬，中央红军主力各军团分别集结陆续出发，中共中央和红军总部及直属纵队离开江西瑞金。10月21日，中央红军从赣县王母渡至信丰县新田间突破国民党军第一道封锁线，沿粤赣边、湘粤边、湘桂边西行，至11月15日突破了国民党军第二、第三道封锁线。1935年1月7日，红军占领遵义。1月15日至17日，中共中央在遵义举行了政治局扩大会议，着重总结了第五次反"围剿"失败的经验教训，纠正了王明"左"倾教条主义在军事上的错误，确立了以毛泽东为代表的中共中央的正确领导，制定了红军以后的战略方针，从而在最危险的关头挽救了红军和中国共产党。这次会议是中国共产党和工农红军历史上一个伟大的转折点。3月，党中央组成有毛泽东、周恩来、王稼祥参加的三人军事指挥小组。

遵义会议后，鉴于川敌布防严密，中央红军确定从遵义撤离后，在川黔滇边和贵州省内迂回穿插。特别是在四渡赤水的过程中，中央红军灵活机动地创造战机，运动作战，各个歼敌，以少胜多，从而变被动为主动。随后出敌不意，主力南渡乌江，直逼贵阳，迅即西进，4月下旬以一部兵力在翼侧策应。5月初，抢渡金沙江，摆脱了几十万国民党军的围追堵截，取得了战略转移中具有决定意义的胜利。由于执行了正确的民族政策，红军顺利通过大凉山彝族区。

接着强渡大渡河，飞夺泸定桥，翻越终年积雪的夹金山。6月中旬，与红四方面军在懋功会师。

红一、红四方面军会师后，红军以北上建立川陕甘根据地为战略方针，中共中央决定将两个方面军混合编为左、右两路军过草地北上。中共中央随右路军跨过草地，抵达班佑、巴西地区。8月底，右路军一部在包座全歼国民党军第四十九师约五千余人，打开了向甘南前进的门户。9月张国焘率左路军到达阿坝地区后，拒绝执行中共中央的北上方针，并要挟中共中央和右路军南下。毛泽东等于9月10日急率第一、第三军（后组成陕甘支队）继续北上，夺取腊子口，突破国民党军渭河封锁线，翻越六盘山，于10月19日到达陕北吴起镇，先期结束了长征。11月21日至24日取得了直罗镇战役的胜利，为党中央和红军扎根在陕北奠定了基础。

在国民党重兵对鄂豫皖根据地围攻的情况下，红二十五军和鄂豫皖省委按照中共中央指示，于1934年11月从河南罗山县开始西移，在鄂豫陕边区建立根据地，粉碎国民党两次"围剿"。次年7月过陇东，9月与陕甘根据地的第二十六、第二十七军会师，合编为第十五军团。第一、第三军团到达后，与之合编为红一方面军。

在湘鄂川黔根据地的红二、红六军团，于1935年11月从湖南桑植出发，转战湖南、贵州、云南三省，击溃国民党军的拦截，渡过金沙江，经西康、四川，于1936年6

月底至甘孜，与张国焘率领的南下受挫的红四方面军会师。红二、红六军团合组为红二方面军。7月，红二、红四方面军共同北上，在红一方面军接应下，10月先后在甘肃省会宁县城和静宁县将台堡与红一方面军会师，至此，红军长征胜利结束。

中国工农红军长征的胜利，是符合中国国情的中国共产党路线方针的胜利，是人类历史上的奇迹。在整整两年中，红军长征转战十四个省，历经曲折，战胜了重重艰难险阻，保存和锻炼了革命的基干力量，将中国革命的大本营转移到了西北，为开展抗日战争和发展中国革命事业创造了条件。

五

铁流后卫打冲锋

　　董振堂，宁都起义的重要领导人，长征中的铁流后卫——红五军团军团长、红五军军长。

　　他领导了"中国苏维埃革命中一个最伟大的士兵暴动"，打击了"攘外必先安内"政策，增强了红军力量，被授予我党我军历史上第一枚勋章——红旗勋章。在长征中，他带着凛然的气势，率领红五军团担任后卫，为保障中央红军主力北上立下赫赫战功，被誉为"守无不固"。

　　他是红军牺牲的最高级别将领之一。2009年9月，董振堂被评选为"100位为新中国成立做出突出贡献的英雄模范人物"。

　　他曾获得的红旗勋章是我党我军历史上颁发的第一枚勋章。红旗勋章是中华苏维埃临时政府仿造苏联红军奖章样式，最早制作、最早颁发而且仅颁发一次的奖章，比红军后来制作颁发的八一红星奖章还要早8个月。这枚珍贵

爱我中国 LOVE MY CHINA

铁流后卫

的奖章，就是为了表彰他在宁都起义中所做的重要贡献。

1895年，董振堂出生于新河县西李家庄。1917年，董振堂考入北京清河陆军军官预备学校，并于1921年考入保定陆军军官学校第九期炮兵科。毕业后，董振堂选择了去冯玉祥的部队，从排长逐级擢升至工兵团团长。

中原大战失败后，冯玉祥旧部接受蒋介石命令改编为二十六路军，被派到江西"剿共"。"九一八"事变爆发，全国团结抗日热潮高涨。二十六路军广大官兵不甘困处内战前线，纷纷要求回到北方，为保卫祖国、保卫家乡而战。在此之前，二十六路军中早有暗流涌动，共产党的政治主张引起越来越多官兵的共鸣。

被压迫的童年记忆与共产党的政治主张，点燃了隐藏在董振堂心中的革命热情。董振堂亲笔撰写的《宁暴经过》，里面写道："看清楚了国民党欺骗、压迫、剥削，认清楚了唯有共产党终能为工农劳苦群众谋解放到底。"

作为宁都起义的领导人之一，董振堂

在起义过程中发挥了重要作用。

起义当天下午，一切似乎风平浪静。全军团以上主官受参谋长赵博生邀请，来到宁都一栋二层小楼赴宴。这边宴会上，所有反动军官被趁机逮捕，那边起义部队的主力七十四旅和七十三旅直属队控制了电台、指挥机构等要害部门。这次起义是继南昌、广州、平江、百色起义之后，规模最大、兵力最多的武装起义，只有包围二十五师师部时发生了片刻枪战，伤亡几人，以最小的代价获得了当时条件下的最大胜利。

次日清晨，二十六路军的1个总指挥部、2个师部、6个旅部、11个整团，共计1.7万多人，携带2万多件轻重武器和8部电台以及大批装备物资，撤离宁都，跨过梅江，向苏区行进。

宁都起义，打击了蒋介石"攘外必先安内"的政策，增强了红军力量，对巩固和发展中央苏区起了重要作用。

起义部队后来被授予红军第五军团番号，董振堂任军团副总指挥兼十三军军长。

在之后短短一年多的时间里，红五军团多次与敌军作战，立下赫赫战功。

1932年初，在赣州战役中，董振堂率红五军团担任掩护红三军团撤退，阻击赣州城外增援敌军的任务。

1932年4月，董振堂在党旗下宣誓，加入中国共产党。5月，董振堂升任红五军团总指挥。

同年7月，国民党反动派纠集20个团的兵力进攻中央革命根据地。董振堂奉命率红五军团在水口圩迎战敌人。他亲率5000多名手持大刀的红军战士，分作四路冲向敌群，刹那间，红绸飞舞，刀光剑影，满山遍野响起震天动地的喊杀声。敌军死伤3000余人，我军大获全胜。

1934年10月，由于第五次反"围剿"的失败，红一方面军不得不实行战略转移，进行长征。长征中，红五军团担任着全军的后卫任务，被誉为铁流后卫。

1934年11月，中央红军突破敌人的三道封锁线后，蒋介石调集近30万兵力，企图把红军消灭在湘江以东地区，湘江战役也成为关系中央红军生死存亡的一战。

11月25日，中革军委下达了抢渡湘江的命令。红五军团分为两路人马，一路由董振堂率领司令部和第十三师掩护军委第一纵队，一路由陈树湘率领第三十四师掩护军委第二纵队，抢渡湘江，阻击追敌。

即便在这样的状态下，当敌军向湘水我军渡口进攻的时候，"打了一天仗，已经走了五六十里路，没有吃到一顿饭"的十三师，"在一个动员之下，把自己的东西完全牺牲了，只背着枪械、子弹、炸弹"，从夜晚九点钟"一口气跑了九十余里，天还未亮，已经到达湘江河边"。紧接着，"最艰苦最顽强的十三师"又急行二十多里，一面阻击敌人，一面西进，又经过一昼夜的奋斗，终于把敌军甩在后面。

12月1日傍晚，中央红军突破了第四道封锁线。红五

军团第三十四师却遭到敌军合围未能渡过湘江，为掩护红军主力渡过湘江付出了巨大代价。

湘江战役之后，红军中有了董振堂"守无不固"的称誉。

抢渡金沙江，是董振堂带领红五军团进行的又一场殊死之战。

1935年5月1日，董振堂率领红五军团，日夜兼程赶到石板河，按照电令要求在与金沙江一山之隔的这里布防，阻击迟滞追敌，掩护干部团夺取皎平渡和军委纵队过江。

5月3日，军委纵队全部过江，痛击敌军准备撤离阵地的红五军团却收到电报，原先的坚守阵地三天三夜，变为坚守阵地六天六夜。第二天，又有急电，掩护任务加重到坚守阵地九天九夜。

敌人后续主力部队陆续赶到，红五军团的防御任务越来越重。而红五军团的战士们以仅有的三十七团、三十九团共不足5000人，顽强打退了敌军10000多人的多次冲锋，死死守住石板河，掩护主力部队安全过江。

自此，中央红军摆脱了国民党几十万敌军的围追堵截，粉碎了敌人妄图将红军消灭于川滇边境的计划，取得了在战略转移中具有决定意义的胜利。

在长征过程中，红五军团（1935年7月改称红五军）走过的路是最长的。

在巧渡金沙江之后，到1936年红一、红二、红四方面军在会宁胜利会师之前，红五军团曾"十过雪山、三过草地"。

从一个信仰和服从长官的旧军人，成长为以共产主义为信仰的红军高级将领。对于董振堂而言，革命到底是为了什么？在红军二渡赤水后发生的一件事，让人们对他的初心有了更深的理解。

当时，刚刚撤出阻击阵地三四里路的董振堂，接到董必武的通知，邓发的妻子陈慧清突然难产，无论如何要顶住敌人，等她生完孩子再撤出阵地。闻此，董振堂立即率领第三十九团返回阵地。

有战士在战壕里说，原来就是为了女人生孩子呀，一个团还不知道要死多少人。董振堂怒目而视："我们打仗，流血牺牲，就是为了下一代来子（即孩子）们都过上好日子，甭管牺牲几多人，也要顶住。"

就这样，枪弹炮火中，一个个成年生命用死亡争取时间，等待一个婴儿的新生。最终，董振堂率领第三十九团的战士们击退敌人的一次次进攻，为陈慧清顺利产下婴儿争取了2个小时的时间。

在血与火交织的年代，生命的降生和陨落，成就着党的革命事业，而在此后不久，董振堂也为此付出了年轻的生命。

1937年1月初，董振堂率红五军的4个团一举攻占了甘肃省高台县。1月12日，敌军马步芳派马彪、马禄、韩起功率兵约2万人包围了高台，切断了红五军和临泽城的联系。

为打退敌人的进攻，董振堂动员全城军民加强城防，填土筑垒，泼水结冰，制造大长矛，以补充武器的不足。当时，高台气温降到零下几十摄氏度。而坚守的红五军将士身上仅有单衣，每人只有5颗子弹。

在这样的恶劣条件下，董振堂率部和人数上占优势的敌军连续激战七天七夜。19日上午，董振堂和50多名干部战士向党宣誓："我们要流尽最后一滴血，战斗到底，为革命牺牲是光荣的，革命一定能成功，自由幸福的日子一定能够到来。"

信仰的力量，支撑他走到生命最后一刻。

次日凌晨，敌军冲上城墙。董振堂左腿中弹，从城墙摔下，他单腿跪地，双手举枪继续向敌人射击……手中最后一颗子弹，董振堂把它留给了自己。

作为红军时期牺牲的最高将领之一，董振堂牺牲时任中革军委委员、红五军军长，年仅42岁。

董振堂牺牲后，毛泽东和中央领导同志参加了党中央在延安宝塔山下为他举行的追悼会，毛泽东称董振堂是"坚决革命的同志"。

而在董振堂事迹陈列馆北侧的碑林里，其中一通石碑刻着叶剑英的一首诗。1962年八一前夕，叶剑英曾站在高台城墙上怀念董振堂，并写下"猿鹤沙虫经世换，高台为你著荣光"。

铁流后卫

TIE LIU HOU WEI

【延伸阅读】血战湘江

　　湘江战役是红军长征途中的一场硬仗，也是关系中央红军生死存亡的关键一战。

　　国民党"追剿"军达 16 个师、77 个团，布置了 4 道封锁线，由粤军、湘军、桂军分别堵截。但是，各路敌军之间存在着复杂的矛盾，对防堵追击红军的态度并不一样。在中央红军转移前夕，中革军委主席朱德于 9 月底致信广东军阀陈济棠，表示愿就停止内战、恢复贸易、代购军火和建立抗日反蒋统一战线与之进行秘密谈判。10 月 5 日，中共中央、中革军委派遣潘健行（潘汉年）、何长工为代表，

同陈济棠的代表在江西寻乌进行会谈，达成协议。在中央红军突破敌军第一道封锁线进入广东境内时，陈济棠部基本上没有堵截。接着红军比较顺利地通过第二道封锁线。

在红军突破第三道封锁线，挺进到广西湘江地域时，蒋介石已经调集25个师数十万大军，分5路前堵后追，企图消灭红军于湘江之侧。面对敌人重兵紧逼，军事指挥李德一筹莫展，只是命令部队硬攻硬打。11月25日，中革军委决定红军从广西全州、兴安间强渡湘江。这是国民党军队的第四道封锁线。

红军广大干部、战士同国民党军队展开了殊死的决战。11月27日，红军先头部队渡过湘江，控制了渡江点。大部队因为辎重过多，行动迟缓，尚未过江即遇到优势敌军的夹击。为强渡湘江，红军各军团浴血奋战，与敌搏斗，损失惨重。湘江两岸担任掩护任务的部队，为中央领导机关和其他部队顺利渡江，与敌展开激战，付出巨大牺牲。比如11月29日开始的觉山铺阻击战。红二师在觉山铺一线阻击从北面全州县城开来的湘军3个师。急于南下封锁湘江的湘军，在29日清晨向红军阵地发起猛烈攻势。数十门大炮和数架飞机狂轰滥炸，将红军阵地前的松树林炸得只剩下段段树桩。次日凌晨，红一师两个团在湖南潇水完成阻敌任务后，急速赶来投入战斗。红一军团政委聂荣臻回忆：部队非常疲劳，赶来的战士站在那里就睡着了。但军情紧急，不得不立即动员，进入阵地，阻击战进入高潮。

敌人一次次地冲锋，投入的兵力越来越多，阵地上硝烟弥漫。战至下午，敌人从三面进攻，经过顽强拼杀，我军守住了主要阵地。

12月1日，国民党军队发动全线进攻，企图夺回渡口，围歼红军于湘江两岸。红军经整日血战，阻止住敌军的进攻。到当日17时，中央领导机关和红军大部渡过湘江。

当时担负掩护任务的红三十四师成为一支身陷重围、无法过江的孤军。面对十几倍于己的强敌，师长陈树湘一身是胆，毫无惧色。他率领全师战士奋力抵抗，用血肉之躯筑起一道"城墙"，与敌人鏖战四天五夜，为红军渡过

湘江赢得了宝贵时间。陈树湘伤重被俘后，在敌人将他抬去邀功途中，他醒了过来，自己绞断肠子，壮烈牺牲。陈树湘"断肠明志"的事迹十分感人，真是"寸土千滴红军血，一步一尊英雄躯"。被阻在湘江东岸的红三十四师、红三军团第十八团，最后弹尽粮绝，大部英勇牺牲。烈士鲜血染红了湘江，以致当地百姓中流传着这样一句话："三年不饮湘江水，十年不食湘江鱼。"

　　湘江战役在中国革命史上具有不可磨灭的历史意义。突破军事重围，获得革命新生，在血与火中杀出了一条走向新生、走向胜利的革命道路，为继续长征保留了一支能征善战、立场坚定的骨干力量，为中国革命留下了星火燎原的宝贵火种；为突破思想禁锢，奠定转折基础。

六

上甘岭苹果传奇

抗美援朝战争中最激烈的战役，是 1952 年 10 月 14 日至 11 月 25 日历时 43 天的上甘岭战役。在这次战役中，美军出动了大批兵力，向志愿军坚守的不足 3.7 平方公里的山头上，倾泻了 190 多万发炮弹和 5000 多枚炸弹，投入 6 万多兵力，300 多门大炮，170 多辆坦克，3000 多架飞机……山头被削低了近 2 米，岩石被炸成 1 米多厚的粉末。在这次战斗中，涌现出许多的英雄事迹。《一个苹果》写的就是这次战斗中一个动人的故事。

17 岁的运输员刘明生往前线运送弹药途中，在一个炮弹坑里捡到一个苹果，历经万难，终于抵达一三五团七连所处的坑道，刘明生将苹果递给连长张计发。

"连长，这个苹果你吃了吧，润润喉咙，你还要指挥全连呢。"连长张计发接过苹果，在那样的情况下，说不想吃是假的，但张计发还是忍住了，他身旁的步话机员李

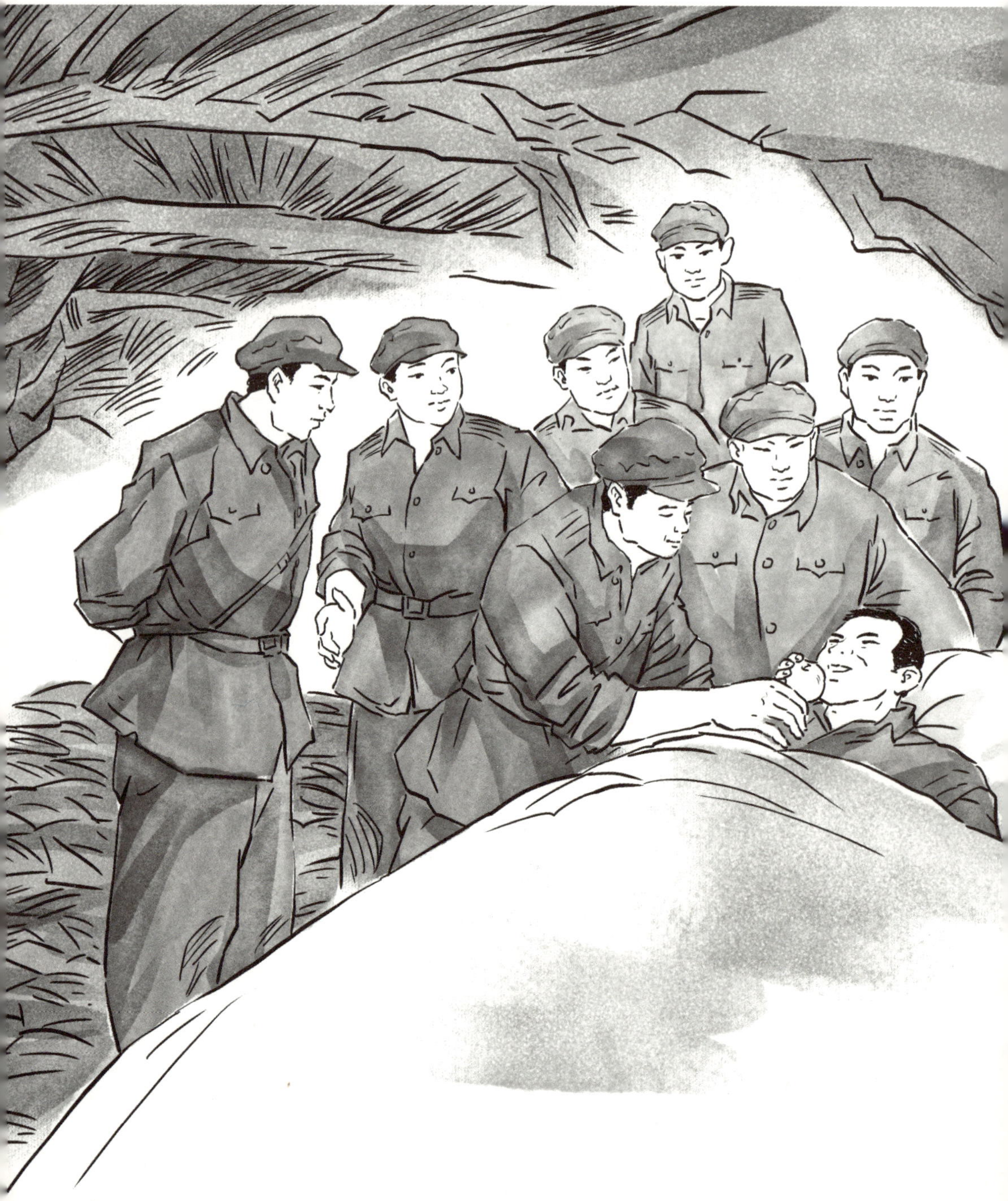

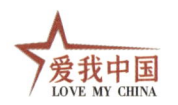

苹果传奇

新民正用沙哑的声音向上级报告战斗情况，这个爱说爱唱的小伙子白天黑夜都守在步话机旁，这些天一直坚守岗位，嗓子全哑了，嘴唇干得裂开了好几道血口子，血迹还凝在嘴唇上。连长把苹果递给李新民，让他润润喉咙，好继续战斗。李新民出神地看着这个苹果，他回头看了看躺在洞子里面的伤员蓝发保，把苹果给了他。

蓝发保是通信员，在一次执行任务时被炮弹打断了右腿。他安静地躺着，很少听到他呻吟。他的脸黑黄黑黄的，嘴唇干得发紫。他拿起苹果，张开嘴正要吃，突然向周围望了望，立刻把嘴闭住，把苹果放下了，他发现，原来只有一个苹果。"连长，你几天没喝水了，你吃吧，吃了好指挥打仗。"蓝发保把苹果递给了连长。连长又递给了司号员，司号员立刻转给了卫生员，卫生员又交给了伤员。就这样，一个苹果在8个人手里转了一圈，又回到了连长张计发手里。

连长决定由8个人共同分吃这个来之不易的苹果。他用沙哑的声音说："同志们，我们打退了敌人十几次冲锋，我们能

够夺回阵地，赶走了敌人，难道我们就不能吃掉这个苹果吗？"说罢，连长张计发拿起苹果，轻轻地咬了一口，传给了李新民。8个人每人都咬了一小口，传回连长手里时，苹果还剩大半个……

透过这一个小小的苹果，我们能清晰地看到千千万万志愿军战士那团结协作、忘我勇敢、先人后己的高尚品质。

在战火纷飞的朝鲜战场上，中朝人民和军队并肩作战，粉碎了美军的大规模进攻，取得了胜利。志愿军战士们靠的是对祖国的忠诚，靠的是对人民的热爱，靠的是对敌人刻骨的仇恨，更靠的是战士们的顽强意志和战友间的无私奉献，他们热爱祖国的伟大情怀，以血肉之躯对抗敌人的战斗精神，深深地鼓舞着我们。

苹果传奇

PING GUO CHUAN QI

【延伸阅读】官兵一致

  官兵一致原则的基本思想形成于中国人民解放军创建初期。1927年9～10月，毛泽东在领导湘赣边界秋收起义部队进行三湾改编时，就提出要破除封建雇佣军队的管理制度和军阀主义，实行民主主义。在井冈山斗争时期，毛泽东、朱德等领导人以身作则，和士兵同吃糙米饭，同穿粗布衣，亲自培育部队的民主作风。1929年12月，毛泽东起草《古田会议决议》时，又把政治上平等和废除肉刑打骂制度确立为处理军队内部关系的准则，强调官兵之间只有职务的分别，没有阶级的分别，官长要关心爱护士

兵，保障士兵的民主权利，士兵要尊重官长，自觉接受管理，遵守纪律，纠正极端民主化、平均主义和雇佣思想等错误倾向。1932年，依据中国共产党中央委员会颁布的《中国工农红军战士通讯处工作暂行条例》，中国工农红军总政治部和军区、军团政治部设立红军战士通信处，有组织地考察和实现士兵提出的意见和要求。1937年10月25日，毛泽东在同英国记者J.贝特兰谈话时，明确地提出了官兵一致的原则，指出官兵一致是八路军政治工作的一项基本原则，即在军队中肃清封建主义，废除打骂制度，建立自觉纪律，实行同甘共苦的生活。随后他在《论持久战》中又提出，通过政治工作把进步的政治精神贯注于军队之中，实行一定限度的民主，这样就能真正达到官兵一致的目的，军队就增加了战斗力，长期的残酷的战争就不患不能支持。1944年4月，谭政在《关于军队政治工作问题》的报告中把官兵一致作为政治工作的基本方向和基本内容之一。1945年5月，总政治部提出，改善军队内部关系，主要是改善官兵关系，是军队本身最中心的工作，要求全军学习陕甘宁留守部队的经验，普遍开展尊干爱兵运动，运用整风的方法，检查官兵关系，巩固与加强官兵团结。解放战争时期，为使部队达到政治上高度团结，生活上得到改善，军事上提高技术和战术的目的，全军在新式整军运动中，广泛开展了政治、经济、军事三大民主运动。

1958年，为了密切官兵关系，防止官僚主义，建立了干部下连当兵制度。1960年10月，中央军事委员会决定坚持革命军人代表会议制度。1961年6月，中华人民共和国国防部颁布《中国人民解放军连队管理教育工作条例》，规定了尊干爱兵的要求，全军各部队普遍开展了尊干爱兵活动。1986年，中国人民解放军总政治部根据部队在社会主义建设新的历史时期出现的新情况、新问题，提出了"八个不准"，即不准打骂体罚士兵，不准接受士兵的礼物，不准侵占士兵的利益，不准对士兵罚款，不准酗酒，不准赌博，不准看淫秽物品，不准弄虚作假。1987年1月27日，又将这一规定写入《中央军委关于新时期军队政治工作的决定》。1990年6月9日，中央军委颁布的《中国人民解放军内务条令》规定，军官和士兵的关系是：官兵一致，平等相待。军官和士兵要互相尊重，互相爱护，互相帮助，同心协力地完成各项任务。同时，对尊干爱兵分别提出了要求。2003年12月、2010年8月颁布的《中国人民解放军政治工作条例》把"坚持官兵一致、军民一致、瓦解敌军"作为中国人民解放军政治工作必须遵循的原则。

新形势下，坚持官兵一致原则，对于坚持以人为本，尊重官兵在军队建设中的主体地位，建设现代化、正规化的革命军队，推进中国特色军事变革，做好军事斗争准备，履行军队历史使命，实现强军目标，仍然具有重大意义。

习近平总书记多次强调，要发扬尊干爱兵、官兵一致的优良传统，坚决纠正官兵中存在的各种不良倾向和歪风

邪气，纯洁部队内部关系，巩固部队内部团结。2015年实施的《军队基层建设纲要》也明确指出：实行官兵一致、军民一致，不断增强基层的凝聚力。这些指示和要求有着鲜明的现实针对性，为弘扬优良传统，进一步密切官兵关系，不断巩固和发展内部团结提供了基本遵循。

官兵一致的优良传统是我军弥足珍贵的传家宝。官兵一致是毛泽东、周恩来、朱德等老一辈无产阶级革命家为我军确立的政治工作三大原则之一。回顾我军光辉历程，官兵一致的优良传统深深植根于人民军队血脉，贯穿于长期革命斗争和建设的实践。革命战争时期，毛主席的"一根灯芯"、朱德总司令的"一条扁担"的故事等，成了官兵一致的象征。习近平总书记多次强调密切官兵关系并身体力行，视察部队轻车简从，去得最多的地方是基层连队，看得最多的是基层官兵，他进班排、入哨所，登舰艇、上战车，和基层官兵同坐一张桌、同吃一锅饭，关心官兵冷暖。实践证明，官兵一致的优良传统，伴随着我军97年的历史进程而发展，是我军始终保持强大向心力凝聚力战斗力的力量源泉，是我们战胜前进道路上一个又一个困难的利器。

七

红嫂人桥托壮举

　　1947年孟良崮战役前夕，根据作战需要，沂南、蒙阴、临沂三县组织公路沿线群众，冒着连绵阴雨，苦战3个昼夜，抢修公路50余千米，石桥、木桥40余座。

　　战役开始前一天，沂南县马牧池村妇救会会长李桂芳接到通知，需要在5小时之内在崔家庄与万粮庄之间的汶河上架一座桥。

　　当时村里绝大多数男子都上了前线，既无专业技术人员，又无架桥材料，情况紧急，时间紧迫。

　　"五个小时以内，或许是一两个小时，部队就有可能来到，这么短的时间，能架得起来吗？再说，架桥的材料到哪里去找？"李桂芳将妇救会员们凑在一起商量，大家也提出了不同的疑虑。

　　就在大家焦急万分时，东波池村的妇女干部刘日兰突然提出："搭木板桥！"话音落地，有人提出实际困难："没

爱我中国
LOVE MY CHINA

红嫂人桥

有那么多木板、桥墩怎么办？"经过合计，办法总算有了：没有木板摘门扇，没有桥墩人肩扛。一个别出心裁的架桥计划就这样诞生了。

李桂芳果断地做出决定，将大家分成几组，分头到附近的崔家庄、东西辛庄等村联络发动，动员了附近村庄的32名妇女，找来8块门板，组成一座"人桥"。

5月13日，孟良崮战役在沂蒙山区打响。在战役的前一天晚上，一支2000多人的解放军先头部队来到河边，发现这里竟然架起的是一座人桥。解放军战士们见到此景不禁流泪，她们是女人啊！怎么能承担得了这些战士们的踩踏？战士们不忍心踏到人桥上。众农妇一见，齐齐大声呼道："兄弟们，为了我们穷苦百姓，为了解放全中国，冲啊！时间就是胜利！"

32名妇女以身架桥送部队过河，她们中有人还怀有身孕，但是无一人退缩。就这样，她们在冰凉的河水中站了一个多小时，但是谁也没有叫苦，最后光荣地完成了任务，这就是被广为称赞的"女子火线桥"。

这个架"人桥"的故事，作为一个秘密，在32位姐妹的心底一直藏了20多年，从未向世人提起过。20世纪60年代末，《红云岗》剧组在临沂体验生活时，李桂芳谈起此事，这段往事才被剧组创作人员发现。当年架桥的32名沂蒙红嫂中，只有8位留下了珍贵的照片，5位红嫂留下了名字，其他19位架桥红嫂，人们已经记不清她们的名字，可她们感人的事迹却被永远铭记在人们心中。

红嫂人桥

HONG SAO REN QIAO

【延伸阅读】沂蒙精神

　　沂蒙精神的概念提出于 1989 年，历经几次凝练，终于在 1997 年，中共临沂市委、市政府广泛吸纳各界关于沂蒙精神的研究成果，认真总结临沂人民在改革开放实践中的新创造、新经验，进一步把沂蒙精神概括为"爱党爱军、开拓奋进、艰苦创业、无私奉献"。

　　爱党爱军——沂蒙精神的灵魂

　　开拓奋进——沂蒙精神的主题

　　艰苦创业——沂蒙精神的品格

　　无私奉献——沂蒙精神的核心

中华人民共和国成立以来，沂蒙精神与时俱进、锤炼升华，成为沂蒙人民密切党群关系、推动经济社会发展的力量源泉。2013年11月24日至25日，习近平总书记在临沂视察时指出："沂蒙精神与延安精神、井冈山精神、西柏坡精神一样，是党和国家的宝贵的精神财富，要不断结合新的时代条件发扬光大。"

沂蒙精神是践行党的群众路线的光辉典范。在遭受日寇铁蹄蹂躏的危难时刻，党和人民军队来到蒙山沂水，用生命和鲜血守护人民的家园。在党的领导下，沂蒙老区建立了抗日民主政权，实行民主选举；实现减租减息，进行土地改革；开办文化夜校，组织农民学习，沂蒙人民实现了政治经济的翻身解放。

沂蒙精神体现了人民群众的伟大力量。在我们党和人民军队伟大精神的感召下，沂蒙人民与党、人民军队生死与共的热情像火山一样迸发出来。在艰难困苦的革命岁月，沂蒙人民无怨无悔地爱党爱军，最后一口粮当军粮、最后一块布做军装、最后一个儿子送战场，拿小米供养了革命，用小车把革命推过长江。

沂蒙精神是中华民族精神的重要组成部分。沂蒙精神是沂蒙人民在长期的革命和建设实践中形成的先进群体意识，是中华民族优秀文化的重要组成部分，是中华民族伟大精神的光辉写照。战争年代，数百万优秀的沂蒙儿女为民族独立和解放献出了自己的热血和青春；社会主义建设和改革开放的时期，沂蒙人民自力更生、艰苦奋斗，整山治水、脱贫致富，团结一心、开拓奋进。

沂蒙是革命老区，也是一片奉献的热土。在抗日战争和解放战争时期，沂蒙根据地始终是我们党和军队重要的根据地之一。八路军山东纵队、一一五师司令部、新四军军部、华东野战军总部、山东省党政机关，曾长期驻扎在这里。

从1938年到1949年，在这段革命斗争岁月里，沂蒙人民为革命胜利做出了巨大的牺牲和奉献，无数可歌可泣的英雄事迹和模范人物蓬勃涌现。当时沂蒙根据地420万人口，有120多万人拥军支前，20多万人参军参战，10万多革命先烈牺牲在这片土地上。

新时代如何传承沂蒙精神？

第一个途径是讲好沂蒙精神故事。习近平总书记参加十三届全国人大一次会议山东代表团审议时强调，"红色基因就是要传承"。山东自觉扛起传承红色基因的使命担当，把握时代要求，贴近受众实际，让沂蒙精神的故事常讲常新、深入人心。

怀着信仰讲。在沂蒙精神中，革命理想是支柱、是灵魂，是支撑革命先辈流血牺牲、奋勇向前的信仰火炬，是引导老区群众无私奉献、爱党爱军的信念灯塔。忠诚是共产党人不变的底色，对党忠诚必须是唯一的、彻底的、无条件的、不含任何杂质的、没有任何水分的。要自觉增强"四

个意识"、坚定"四个自信"、做到"两个维护",把弘扬沂蒙精神作为"不忘初心、牢记使命"主题教育的必修课,省委常委带头到沂蒙老区开展集体学习,并组织各级党员干部学习党的历史、追寻红色初心,着力解决好"总开关"问题,矢志不渝做习近平新时代中国特色社会主义思想的坚定信仰者、忠实实践者。在全社会深入开展百姓宣讲和"红动齐鲁"红色故事讲解大赛,发挥老党员、老模范的作用,用红色文化涵养正气,用优良传统滋养人心,让理想信念的明灯永远在人们心中闪亮。

带着感情讲。讲好沂蒙精神的故事,不仅要身入,更要心入、情入。只有真情投入、身心相融,才能真正打动人、感染人。省委常委同志带头深入基层、深入群众,与老百姓坐在一条板凳上,面对面倾听群众呼声,换位思考体味民生痛点,实打实解决群众实际问题。民族歌剧《沂蒙山》在创作过程中,主创团队满怀对老区人民的深情敬意,用沂蒙精神创作沂蒙故事,先后11次深入革命老区采风采访,掌握了大量第一手素材,保证塑造的每个人物都有原型,展现的每个事件都有记载。每一场演出,演职人员经常情不自禁、泪流满面,一段段情节演绎、一首首动人唱段,无不是情感的真实流露。

结合实际讲。当前,山东正深入学习贯彻习近平总书记视察山东重要讲话和重要指示批示精神,全面实施新旧动能转换、乡村振兴、海洋强省、三大攻坚战、军民融合、打造对外开放新高地、区域协调发展、重大基础设施建设八大发展战略，努力推动高质量发展。把弘扬和践行沂蒙精神作为激励干部立足本职、干事创业，敢闯敢干、敢为人先的强大动力，转化为知重负重、担当任事的实际行动。在庆祝新中国成立70周年之际，省委隆重表彰一批道德模范和"最美奋斗者"，引领广大干部群众学习英雄品格，弘扬奋斗精神，争做起而行之的行动者、攻坚克难的奋斗者、狠抓落实的践行者。

第二个途径是倾力打造沂蒙精神的文化品牌。沂蒙精神是党和国家的宝贵精神财富，是齐鲁儿女忠诚、责任、担当、奉献鲜明品格的集中体现。要坚持创造性转化、创新性发展，培育品牌项目，建立长效机制，积极构筑红色文化传承高地，让沂蒙精神绽放更加绚丽的时代光芒。

打造"文艺创作"品牌。加强沂蒙精神的主题创作，先后推出民族歌剧《沂蒙山》、民族舞剧《乳娘》、吕剧《大河开凌》等一批优秀文艺作品。《沂蒙山》自2018年12月首演，在省内外已演出70余场，得到业内和社会各界的高度评价，普遍认为这部作品是中国民族歌剧艺术的创新之作，是当代文艺培根铸魂的上乘之作，是"不忘初心、牢记使命"主题教育的生动教材。

打造"党性教育"品牌。沂蒙精神为新时代加强党的建设提供了丰厚滋养，为检验党员干部的初心使命和党性觉悟提供了价值标尺。精心打造沂蒙党性教育基地、济宁

干部政德教育基地、胶东党性教育基地，设立沂蒙干部学院，在此基础上，正加快建设王尽美、焦裕禄、孔繁森和泰山"挑山工"党性教育基地，不断丰富党性教育载体和平台。充分发挥教育基地的品牌效应，将组织全省县处级以上领导干部和各级培训主渠道一个月以上的主体班次学员到基地开展现场教学，争取2020年前全部轮训一遍。

打造"红色旅游"品牌。每一个红色旅游景点都是常学常新的生动课堂，蕴含着丰富的政治智慧和道德滋养。要着力推动红色旅游提质增效，以高度的政治自觉和历史自觉，加强革命遗产的保护利用，精心设计红色旅游线路，使红色文化资源串珠成链，为游客提供更加便捷高效的红色旅游体验。全省建成红色旅游景区近百个，近三年来，红色旅游累计接待游客超过两亿人次，带动就业60多万人，展现了红色旅游的独特魅力和蓬勃活力。

沂蒙精神是中国共产党人精神谱系的重要组成部分，自始至终贯穿中国共产党领导下争取民族独立和实现民族复兴的伟大历程。不论国际风云如何变幻，沂蒙人民都以坚实的行动，展现出坚定跟党走的政治信仰和行动自觉。崇尚精神是中华民族的优秀传统，传承和弘扬沂蒙精神，就是要坚定马克思主义的信仰和中国特色社会主义的共同理想信念，增强实现中华民族伟大复兴中国梦的信心，这是我们克服各种艰难险阻、夺取一切胜利的强大精神动力。

真理味道甜入心

陈望道，中共党员，浙江金华义乌人。现代著名的思想家、社会活动家、教育家和语言学家，五四新文化运动的积极推动者。曾留学日本早稻田大学，学成回国后在浙江第一师范学校任教。

《共产党宣言》是马克思主义入门经典。20世纪20年代的中国正在酝酿成立中国共产党，陈独秀、李大钊两位共产党的创始人在北京读过此书的英文版，深感赞叹，二人都认为应当尽快将此书译成中文。

为了专心致志完成好这件事情，1920年春，他离开浙江一师回到家乡，开始心无旁骛地潜心翻译《共产党宣言》（后简称《宣言》）。当时，陈独秀向陈望道提供了英文版《宣言》，同时，《星期评论》也向他提供了日文版《宣言》，陈望道就根据这两个版本的《宣言》进行中文翻译工作。他如饥似渴地学习《宣言》、孜孜不倦地研究《宣言》、

爱我中国
LOVE MY CHINA

真理味道

夜以继日地翻译《宣言》。看他如此辛苦地工作，人也瘦了许多，他母亲十分心疼，想做点好吃的让他补养身体。于是，母亲就弄来一些糯米做成粽子，又拿来一点义乌红糖，让陈望道用粽子蘸红糖吃。过了一会儿，等母亲去收拾碗筷时，发现陈望道粽子是吃掉了，可是满嘴是黑的。原来，由于陈望道对翻译工作太过专注，他一边工作一边吃粽子，而粽子蘸的不是红糖，是墨盒里的墨水，他自己居然没尝出墨水的滋味。就这样他加班加点工作，花了一个多月的时间，克服各种困难，用一个青年马克思主义者的忠诚和激情，完成了《共产党宣言》全文的中文翻译任务。

1920年5月，他前往上海，任《新青年》编辑，又与陈独秀、李汉俊、李达等酝酿组织马克思主义研究会。中国共产党成立后，他出任中共上海地方委员会书记。此后，他在复旦大学任教，成为著名的语言学家和教育家。1949年后，陈望道历任全国人大常委会委员、全国政协常委、民盟中央副主席、中国科学院哲学社会科学部委员等职。

陈望道毕生忠诚于党的事业。大革命失败后，国民党反动派大肆捕杀共产党员，即使如此，陈望道依然根据党的指示担任党创立的学校——中华艺术大学校长，随后在这所学校诞生了著名的中国左翼作家联盟（简称"左联"）。抗日战争时期，陈望道在党组织的领导下积极投身于抗日救国运动，在"孤岛"上海坚持敌后斗争。1940年，陈望道随复旦大学迁到重庆后，根据党的指示出任复旦大学训导长，并创办了我国第一个新闻馆，新闻馆里可以传阅革命书刊、收听延安的广播，被称为"夏坝的延安"。解放战争时期，陈望道参与组建了华东地区16所高等院校"大学教授联合会"，并担任主席，大力推动"反内战、反迫害、反饥饿"运动，同时在党组织的领导下，积极营救被国民党逮捕的进步作家和进步学生，为解放战争的胜利做出了特殊贡献。

陈望道始终把马克思主义作为学术研究的指导思想。作为一名学者，陈望道是我国现代修辞学的奠基者，他的《修辞学发凡》被学界奉为中国现代修辞学的奠基之作。在书中陈望道既以大量篇幅谈了修辞技巧，又着重说明了它与内容的关系，突出了修辞的目的——为内容服务，把内容和形式辩证统一的观点运用到修辞中。

纵观陈望道一生，一旦尝过了"真理的味道"，他对马克思主义的信仰便从未改变，正是初心使其肩负起马克思主义传播者、践行者和坚守者的使命。

真理味道

ZHEN LI WEI DAO

【延伸阅读】《共产党宣言》

　　《共产党宣言》（以下简称《宣言》）是由卡尔·马克思和弗里德里希·恩格斯于1848年撰写的一份重要政治文献，被视为共产主义运动的纲领和基本原则。

　　《宣言》首先分析了当时社会的阶级状况和阶级斗争的历史发展，并指出资产阶级社会的特点和问题。随着工业革命的兴起，资产阶级取代封建地主阶级成为统治阶级，但资本主义制度仍然存在着剥削、不平等和社会矛盾。

　　在对资本主义的批判之后，《宣言》提出了共产主义者的目标和原则。共产主义者认为，只有通过推翻私有制

和建立无阶级社会，才能消除社会的不平等和压迫。共产主义的目标是实现全人类的解放，消除阶级对立，建立一个没有剥削、没有私有财产的社会。

《宣言》还提出了共产主义者的策略和行动计划。共产主义者呼吁无产阶级联合起来，组织成为独立的政治力量，并争取自己的阶级利益。他们强调无产阶级必须夺取政权，通过革命手段推翻资产阶级统治。

《宣言》对当时的社会现象和问题进行了深刻的分析和评价，提出了一种新的社会制度——共产主义，并阐述了实现这个目标的必要条件和途径。虽然宣言的具体内容和策略在历史发展中有所变化，但其基本原则和对资本主义的批判仍对今天的社会和政治思考有着重要的影响。

九

狼牙山捐躯为国

1941年秋，日寇集中兵力，向我晋察冀根据地大举进犯。当时，八路军晋察冀军区第一军分区一团七连奉命在狼牙山一带坚持游击战争。经过一个多月英勇奋战，七连决定向龙王庙转移，把掩护群众和连队转移的任务交给了六班。

为了拖住敌人，七连六班的五个战士一边痛击追上来的敌人，一边有计划地把大批敌人引上了狼牙山。他们利用险要的地形，把冲上来的敌人一次又一次地打了下去。班长马宝玉沉着地指挥战斗，让敌人走近了，才命令狠狠地打。副班长葛振林打一枪就大吼一声，好像那个细小的枪口喷不完他的满腔怒火。战士宋学义扔手榴弹总要把胳膊抡个一圈，好使出浑身的力气。胡德林和胡福才这两个小战士把脸绷得紧紧的，全神贯注地瞄准敌人射击。战斗进行了很久，敌人始终不能前进一步。在崎岖的山路上，

爱我中国 LOVE MY CHINA

横七竖八地躺着许多敌人的尸体。

五位战士胜利地完成了掩护任务，准备转移。面前有两条路：一条通往连队主力转移的方向，走这条路可以很快追上连队，可是敌人紧跟在身后；另一条通向狼牙山的顶峰——棋盘陀，那里三面都是悬崖绝壁。走哪条路呢？为了不让敌人发现人民群众和连队主力，班长马宝玉斩钉截铁地说了一声："走！"他带头向棋盘陀走去。战士们热血沸腾，紧跟在班长后面。他们知道班长要把敌人引上绝路。

五位壮士一面向顶峰攀登，一面依托大树和岩石向敌人射击。山路上又留下了许多具敌人的尸体。到了狼牙山峰顶，五位壮士居高临下，继续向紧跟在身后的敌人射击。不少敌人坠落山涧，粉身碎骨。班长马宝玉负伤了，子弹都打完了，只有胡福才手里还剩下一颗手榴弹。他刚要拧开盖子，马宝玉抢前一步，夺过手榴弹插在腰间，猛地举起一块大石头，大声喊道："同志们！用石头砸！"顿时，石头像雹子一样，带着五位壮士的决心，带着中国人民的仇恨，向敌人头上砸去。山坡上传

来一阵阵喊叫声，敌人纷纷滚落深谷。

又一群敌人扑上来了。马宝玉嗖的一声拔出手榴弹，拧开盖子，用尽全身气力扔向敌人。随着一声巨响，手榴弹在敌群中开了花。

五位壮士屹立在狼牙山顶峰，眺望着群众和部队主力远去的方向。他们回头望望还在向上爬的敌人，脸上露出了胜利的喜悦。班长马宝玉激动地说："同志们，我们的任务胜利完成了！"说罢，他把那支从敌人手里夺来的枪折断，然后走到悬崖边上，像每次发起冲锋一样，第一个纵身跳下深谷，战士们也昂首挺胸，相继从悬崖往下跳。狼牙山上响起了他们壮烈豪迈的口号声：

"打倒日本帝国主义！"

"中国共产党万岁！"

这是英雄的中国人民坚强不屈的声音！这声音惊天动地，气壮山河！

狼牙山

LANG YA SHAN

【延伸阅读】晋察冀抗日根据地

1937年全面抗战爆发后,中国共产党领导以八路军、新四军、东北抗日联军、华南游击队为主的抗日军民,与日军展开了殊死的斗争,并取得最终胜利。

在所有取胜因素当中,抗日根据地发挥了至关重要的作用。

到1945年抗战结束,共产党领导人民军队在全国各地建立了晋察冀、晋绥、陕甘宁、晋冀豫、冀鲁豫、山东、苏南、浙东等大大小小数十块抗日根据地。其中,聂荣臻领导创建的晋察冀抗日根据地是第一个抗日根据地。

晋察冀抗日根据地主要包括华北同蒲路以东,津浦路

以西，正太、石德路以北，张家口、承德以南广大地区。它的创立、巩固和发展，对坚持华北敌后抗战和全国持久抗战起了"坚强堡垒"的作用，对全国战略反攻和进军东北起了"前进阵地"的作用。根据地军民在对敌斗争和根据地的各项建设中，创造了极为丰富和宝贵的经验。中共中央和毛泽东誉之为"敌后模范的抗日根据地及统一战线的模范区"。

1937年，平型关大捷之后，八路军第一一五师主力由五台山南下晋西南，开始创建晋西南根据地。第一一五师一部及军政干部共约3000人，在聂荣臻率领下留驻五台山地区，着手创建敌后抗日根据地。

聂荣臻率部在五台山地区建立战地动员委员会和抗日救国会等半政权性质的组织，广泛发动群众，武装群众，扩大队伍，开展游击战争，收复敌占城镇，很快在平绥、正太、同蒲、平汉路之间形成了敌后抗日根据地。

1937年11月7日，根据中共中央、中央军委的命令，以阜平、五台为中心的晋察冀军区成立，聂荣臻任司令员兼政治委员。11月下旬，日军调集2万余人分8路对根据地进行围攻。八路军采取游击战和集中主力歼敌的作战方针，歼敌1000余人，消耗了敌人的有生力量，粉碎了敌人的围攻，巩固了根据地，晋察冀抗日根据地发展到30多个县。

到1938年底，晋察冀抗日根据地共辖70余县，拥有居民1200万，武装力量约10万。中共晋察冀分局、晋察冀边区行政委员会、晋察冀军区统一领导晋察冀抗日根据地各个地区、各方面的工作。

晋察冀抗日根据地的创立与发展，引起了日军极大的恐慌。1941年起，日军在华北采用军事、政治、经济、文化相结合的"总力战"，对晋察冀抗日根据地进行残酷的"扫荡""蚕食"，实行烧光、杀光、抢光的"三光"政策，制造"无人区"，晋察冀根据地进入艰苦困难的时期。

面对艰难困苦的局面，晋察冀分局和晋察冀军区建立"三三制"政权，实行精兵简政、减租减息，发展生产。同时，抗日根据地实行主力部队地方化，加强地方部队、主力部队和民兵相结合的方法，采取"敌进我进""向敌后之敌后伸展""把敌人挤出去"等军事斗争方针，广泛运用地雷战、麻雀战、地道战等游击战方式，深入敌后开展反"扫荡"、反"蚕食"斗争。经过根据地军民的艰苦抗战，到1943年，北岳区粉碎了日军4万余人的大"扫荡"，冀中区抗日游击根据地重新建立，冀东区开辟了察北、热南及辽西的大片新区，晋察冀抗日根据地得到了恢复和发展。

1945年5月，晋察冀根据地军民对日伪军发起大规模夏季攻势，先后发动察南战役、雁北攻势、子牙河战役、大清河战役、热辽战役，将敌人压缩到铁路沿线及主要城市。8月，晋察冀军区在广大群众的支援下，对日伪军展开全面反攻，攻占城市70余座，解放了西迄同蒲铁路，东到渤海、

锦州，南临正太路、石德路，北至多伦、赤峰的广大地区，使晋察冀根据地与晋绥、晋冀鲁豫、山东根据地和东北解放区连成一片。

刘老庄浴血杀敌

1943年春，侵华日军对江苏北部淮海抗日根据地进行大规模残酷"扫荡"。3月16日，日军第十七师团的川岛率日伪军1000余人，分兵合围驻六塘河北岸的淮海区党政领导机关。时任十九团团长的胡炳云接到陈毅代军长的命令，连夜转移我军部队。新四军第三师七旅十九团四连奉命在刘老庄一带展开阻击战斗，迟滞日军火力，掩护淮海区党政机关安全转移。

3月18日拂晓，日伪军一队骑兵从西南方向袭来。连长白思才、指导员李云鹏指挥全连进行火力压制，击退了敌人。敌人受挫后，立即指挥各路人马驰援，合围刘老庄。当时四连仅有82人，而敌方有1000多人，且军备精良，敌我力量悬殊极大，但四连并没有退缩。为了保护村内未来得及撤离的群众，四连决定在刘老庄村北面一片开阔地固守，与日伪军进行正面对抗。

爱我中国
LOVE MY CHINA

整整一个上午，敌人接连发起进攻，并炮击四连阵地，致使数百米长的交通沟被夷为平地。尽管弹药所剩无几，四连的战士们仍顽强抵抗，多次将敌人击退。在战斗中，四连人员伤亡过半，连长白思才和指导员李云鹏都负了伤。战士们整整半日滴水未沾、粒米未进，忍着伤痛固守阵地。川岛派出了伪军前来喊话，承诺只要新四军能够放下武器，日军一定会留下活口，但回应他的只有枪声。

下午2时，四连党支部召开支委会，形成决议：为完成掩护撤退任务，放弃突围求生的机会，血战到底！下午4时，全连仅剩30多人，弹药消耗殆尽。最后关头，白思才和李云鹏代表全连未入党的战士，向营党委提出火线入党的申请。他们在火线入党申请书中写道："在党最需要的时候，我将把自己的生命献给党和人民，决不给我们党丢脸，决不给中华民族丢脸！"

连长白思才、指导员李云鹏组织全连剩下的战士掩埋好战士遗体。连长白思才要求所有轻伤员除了随身携带的步枪与刺刀外，将其余的轻重机枪和步枪一律拆毁，

零部件就地掩埋，所有的地图、文件全部焚烧，绝不给敌人留下半点可用的物资。傍晚，四连勇士们端起刺刀，和敌人展开了殊死搏斗，直至全连壮烈牺牲。

刘老庄战斗结束三日后，十九团指战员召开追悼大会，淮阴县党政机关和人民群众举行了公葬仪式，为牺牲的战士堆起了一座三丈高的土墓，苏皖边区政府主席李一氓亲自撰写墓碑记，哀悼82名新四军第三师第七旅第十九团二营四连官兵。

朱德总司令在《八路军新四军的英雄主义》中对82名烈士做出了高度评价："全连八十二人全部殉国的淮北刘老庄战斗……无一不是我军指战员的英雄主义的最高表现。"代军长陈毅在《新四军在华中》一文中称："伪方传出消息，敌军对于我军壮烈殉国之牺牲精神，深致敬佩。当地人民于战后3日内，即将忠骸举行公葬，题为新四军抗战八十二烈士之墓，谒者无不徘徊流涕。烈士们殉国牺牲之忠勇精神，固可以垂式范而励来兹。"时任新四军第三师副师长的张爱萍将军在八十二烈士的墓碑上题下"八二烈士，抗敌三千，以少胜多，美名万古传"的颂扬诗句。2014年9月1日，在纪念中国人民抗日战争暨世界反法西斯战争胜利69周年前夕，经党中央、国务院批准，国家民政部公布了第一批300名著名抗日英烈和英雄群体名录，"刘老庄连"82烈士集体入选。2015年9月3日，在纪念中国人民抗日战争暨世界反法西斯战争胜利70周年阅兵式上，作为十个英模方队之一的"刘老庄连"光荣受阅。这支英雄连队将被载入史册、英名永垂。

刘老庄

LIU LAO ZHUANG

【延伸阅读】八十二烈士陵园

刘老庄八十二烈士陵园位于江苏省淮安市淮阴区刘老庄村，园区内主要有：八十二烈士墓、八十二烈士纪念碑、八十二烈士纪念馆、八十二棵青松林、壮志亭、红星广场、浴血刘老庄主题战壕、八十二烈士纪念林等，是集凭吊、游览、宣传、教育等功能于一体的园林式纪念园。

八十二烈士陵园正大门，1984年修建，整体呈古典牌楼式建筑，庄严而肃穆，门檐上方横书"八十二烈士陵园"，两侧是苏皖边区政府主席李一氓当年题写的挽联："由陕西到苏北敌后英名传八路，从黄昏达拂晓全连苦战殉刘庄。"

2010年底国内资深的设计大师齐康院士领衔设计的八十二烈士纪念馆落成，纪念馆总体呈金字塔形结构，建筑面积4000多平方米，用图片、半景画、电子地图、幻影成像、雕塑、实物、互动机枪等多种形式展现了那段波澜壮阔的历史。

1992年修建的八十二烈士纪念碑，远远望去，犹如两支架立的钢枪直刺蓝天，顶天立地。纪念碑主体高19.43米，代表1943年，碑体钢枪架立与大理石底座构成"八二"字样，碑基是三座平台，共有18级台阶，寓意3月18日。高耸入云的纪念碑下方是原新四军副师长张爱萍将军题写的碑名"八十二烈士纪念碑"。纪念碑前是宽阔平坦的广场，每年的3月18日至清明节前后，这里人海如潮，白花似雪，数万人在此集会举行祭扫纪念活动，缅怀先烈业绩。纪念碑四周是刚刚修建的碑廊，主要介绍刘老庄战斗的经过以及老一辈无产阶级革命家对八十二烈士英雄事迹的颂歌。

广场中央青铜雕塑《砥柱》，是由我国著名雕作大师钱大经创作设计，齐康院士艺术指导。正面镌刻周恩来总理墨宝"砥柱"，背面镌刻："八路军'狼牙山五壮士'、新四军'刘老庄连'、东北抗联八位女战士、国民党军'八百壮士'等众多英雄群体，就是中国人民不畏强暴、英勇抗争的杰出代表。"

十一

红色摇篮育英才

　　1937年1月7日,中共中央机关进驻延安城。3月,在城南柳林村办起了延安托儿所,最开始,共接纳了18名前方将士子女和烈士遗孤。

　　"七七"事变爆发后,日军发动了全面侵华战争,一时间,中国大地满目疮痍。"遍地血腥的中国,只能听见哀哭无援的儿童的声音。"美国著名女记者斯特朗看到战场的惨状后,曾这样形容。

　　要在战火中拯救孩子!1938年3月,中国战时儿童保育会在汉口成立,目的是救济和教育受难的儿童。4个月后,陕甘宁边区的战时儿童保育会,也宣告成立。边区的儿童保育会一经成立,就开始行动:要在延安托儿所的基础上,扩建陕甘宁边区第一保育院。

　　863元、200元、1000元……包括毛泽东和朱德在内的中央领导,以及陕甘宁边区党政军各界纷纷捐款,区政

爱我中国
LOVE MY CHINA

红色摇篮

府也专门拨款，得到各方支持后，扩建工作顺利开展。没过多久，陕甘宁边区战时儿童保育院第一保育院，就在延安城南柳林（延安托儿所旧址）正式成立了。

"尽我们的一切力量，来保护、教育新中国的后代。"《新中华报》的报道标题这样写道。1938年9月25日，陕甘宁边区战时儿童保育院正式成立，为此，《新中华报》专门编发了通栏特刊。特刊里还刊登了毛泽东同志为保育院成立的纪念题词"儿童万岁"。

然而，第一保育院成立不久后，就遇上了日军疯狂轰炸延安。为了孩子们的安全，1938年11月，第一保育院迁往了几十公里外的安塞县（今安塞区）。后来，接收的孩子越来越多，保育院又迁往延安城区周边，继续办学。

直至1940年秋天，第一保育院接纳的儿童已经达到280名，工作人员增加到120名。如此规模，不只在延安，在全国范围内的幼儿保育机构中都名列前茅。

1944年，世界反法西斯战争已进入战略反攻阶段，美国在东南亚和太平洋战

场节节胜利，日军为支援东南亚战场，试图打通大陆交通线，于是发动了豫湘桂战役。

这一时期，战争主要在国统区进行，陕甘宁边区的军事压力瞬间减轻。同时，随着大生产运动的开展，边区的经济水平有所提升，边区政府也有能力为更多儿童提供保护和教育。于是，中共中央决定，在延安再建一所保育院，第二保育院随即诞生。

当时的延安，已经拥有三家保育机构，从刚出生不久的婴儿到七八岁的儿童，都在保育的范围，无论是干部还是群众，大家都愿意把自家娃娃送到保育院。"那时的延安，山坡上、大树下、窑洞前，到处可以看到孩子们愉快玩耍的身影，到处可以听到孩子们的欢声笑语。"在中共中央进驻延安时，本地居民还只有几千人，那时的延安，地广人稀，还只是西北一座籍籍无名的边陲小城。随着中共中央的进驻，延安人口飞速增长。来自全国各地的仁人志士纷纷奔赴延安，他们要把满腔热血都投入到革命事业中。大家在纯粹的革命氛围中恋爱、结婚、成家、生子，呱呱坠地的"延安娃"，让这片土地充满了生机。

那时候的生活条件虽然艰苦，但在党中央的亲切关怀下，孩子们都快乐地成长着。很多"延安娃"回忆起童年经历，都表示从不觉得苦，大家在一起，穿着一样的衣服，吃着一样的饭，到处都是歌声。

最开始还没有儿歌，丢手绢只是孩子们经常玩的游戏。

后来，鲍侃简单编了几句歌词，没想到，歌词很快就流传开来。恰好，作曲家关鹤岩捕捉到了这段歌词，觉得很有趣，就给《丢手绢》谱曲，这首诞生于烽火中的儿歌，成为一代又一代人的童年记忆。

"当时的学习条件非常艰苦，但并没有难倒师生。孩子们缺少纸和笔，就做了简易沙盘，写完字轻轻摇晃又可以继续用。而算盘就用当地的山核桃，就地取材制作而成，非常简易但很实用。"延安革命纪念馆讲解员张洁说。

抗战时期，陕甘宁边区政府十分重视发展教育，拨出财政经费发展教育事业。许许多多的"延安娃"就是在这个温暖的"红色摇篮"里，度过了快乐而又珍贵的童年时光。长大后的他们，时刻把延安精神融入血脉，成为建设新中国的栋梁之材，让红色基因代代相传。

爱我中国
LOVE MY CHINA

红色摇篮
HONG SE YAO LAN

【延伸阅读】胶东红色乳娘

　　1942年，胶东根据地遭受日军频繁"扫荡"，八路军主力和党政军机关需要经常性地转移，时刻准备行军打仗。孩子无法养在身边，有的人将孩子送给老乡，有的人忍痛把孩子放在路边，祈求能被好心人收养。

　　1942年7月，中共胶东区党委在牟海县（今乳山市）组建胶东育儿所，选取乳娘哺育党政军干部子女和烈士遗孤。自此，300多名年轻女性义无反顾地承担起这项重任。

　　1942年11月，日军对马石山一带实行大"扫荡"。危急时刻，八路军战士掩护群众突围。为了保证乳儿不被子弹击中，乳娘们跟群众把孩子一层层地围在中间，弯着腰一起跑。最终，乳儿们全部脱险。

人民军队对百姓以命相救，"红色乳娘"对乳儿以命相助。乳娘姜明真给自己8个月的孩子断了奶，从育儿所接来刚满月的婴儿福星。日军"扫荡"时，姜明真就和婆婆带着福星、自己的孩子藏在山洞里。为了避免暴露，她狠心把自己的孩子送到另一个山洞。刚返身回来，敌机就开始轰炸。日军走后，姜明真扒开炸塌的洞口，看到孩子在地上爬来爬去，嘴上沾满了泥土和鲜血。回家没几天，孩子就夭折了。

姜明真先后收养过四个八路军子女，没有一个伤亡。因为战乱、饥荒和疏于照顾，她自己的六个孩子，有四个都夭折了。

育儿所送来一些鸡蛋给乳娘矫月志补身子，她全喂给了孩子；乳娘肖国英在躲逃"扫荡"时，把女儿藏在草窠子里，自己则抱着乳儿跑上山，女儿从此落下了终生哮喘的病根；敌人空袭时，乳娘李秀珍拼命把孩子护在身下，乳儿毫发无损，她却负了重伤；乳娘宫玉英收养婴儿的事被汉奸告发，为救八路军的孩子，她将自己的亲生儿子交给了日军。

乳娘，不是亲娘，胜似亲娘。在艰苦的战争岁月里，乳娘许下"我在孩子在"的诺言，以自己的血肉之躯和真情大爱，为革命后代打造了温暖襁褓。在日军残酷的"扫荡"和国民党军的疯狂进攻中，胶东育儿所的1223名乳儿无一伤亡。

新中国成立后，当亲生父母来领走孩子时，孩子们哭得撕心裂肺。1955年，乳儿毛学俭的父母来接他时，他抱着乳娘王聪润坚决不撒手。毛学俭当了一辈子农民，为一生没有生养孩子的王聪润养老送终。乳儿王庆林选择留在乳山子镇哨里村，教书育人，回报乳娘恩情。那些回到父母身边的乳儿，成年以后，一批批地加入到了寻找乳娘的行列之中。

十二

无腿英雄钢铁汉

他是抗美援朝老战士，在长津湖战斗中独自坚守阵地，打退美军多次进攻，为主力部队围歼美军赢得了宝贵的时间，为此他身负重伤，四肢全部截肢，而且失去左眼。他直言，不想成为部队的负担，他要带领乡亲们致富，走出贫苦，他就是被誉为"中国的保尔·柯察金"和"人民楷模"国家荣誉称号获得者——朱彦夫。

1933年，朱彦夫出生在山东省沂蒙山区沂源县张家泉村一个贫困农民家庭。1950年，为了保家卫国，17岁的朱彦夫跟着部队跨过了冰封的鸭绿江。老家已经很冷了，但是朝鲜的冬天却再一次刷新了朱彦夫对寒冷的认知。据老兵回忆，当年朝鲜战场上的气温非常低，如果不戴手套直接握枪，那么手在离开枪体的瞬间，手心会被撕下一块皮。如果耳朵不防护，在户外待上一会儿，手一碰，耳朵就掉了。加上因为在进入朝鲜之时，我方没有准备好充足的冬装，

爱我中国
LOVE MY CHINA

无腿英雄

很多战士因此被冻伤，造成了非战斗减员，且程度非常严重。

在长津湖争夺高地的战斗中，朱彦夫所在的连队冒着零下30多摄氏度的严寒，与装备精良的美军两个营进行着殊死战斗。在反复的阵地争夺中，全连的战友相继牺牲，高地上只剩下遍体鳞伤的朱彦夫一人。

指导员牺牲前对朱彦夫说："如果你最后还活着，一定要把咱们英勇作战的历史撰写成文，教育后人……"朱彦夫含泪点了点头。

经过三天三夜的激战，朱彦夫所在连队官兵基本上已经牺牲了，只有浑身带伤的朱彦夫还活着，并且有一些战斗力。而敌人经过三天三夜的消耗，也无法再一次发起冲锋。但是敌人的数量仍然是朱彦夫一个人无法抵御的，看着周围战友们的尸体和已经悄悄摸上来的美军，朱彦夫拿起了武器，再一次和敌人展开交锋。

他把轻机枪放在正面战场一侧的位置，俯卧着将枪托顶到肩窝，身旁撂下几个压满子弹的弹夹。待敌人接近时，"嗒

嗒嗒……"发射。在他应付另一侧敌人的时候，背后忽然接连落下三四颗手榴弹，正刺刺冒着烟。他想也没想，用手抓起一个扔给敌人，提起枪刚要滚到一边，就听见一阵"轰隆隆"的巨响。当时朱彦夫的左眼球就耷拉下来了，然后就陷入昏迷。

强烈的求生欲望使他全力挣扎，他将肠子塞回肚子里，开始向阵地之外爬去。此时他已经失血过多，没爬多久便又昏迷了过去。

后来两名路过的志愿军战士发现了朱彦夫，以为这是一具战友的遗骸。当他们移动朱彦夫的时候，发现他竟然还活着，于是立即将他抬回了营地。

等他醒来的时候，才发现两个小腿已经没有了，手也完全没有了知觉，左眼球也被炸了出来，更要命的是自己的肚子被炸开，肠子已经流了出来。

当他再次醒来的时候，已经是 93 天后，医院的工作人员告诉他，他在一条冰河边上被志愿军的侦察部队发现，当时他四肢被冻伤，连肠子都露在外面，再晚一点就性命难保。足足做了 47 次手术才保住他的性命，自此他左眼失明，四肢截肢，成了一位残疾人。

那个时候的朱彦夫不过是一个 17 岁的小战士，大好的人生才刚刚开始，这样残酷的情况，人是很难不陷入绝望的。当时的朱彦夫脑子里只有一个念头，那就是赶快死掉。死掉总比在这里活活受折磨好，但是他却发现自己连自杀的能力都没有。医生来给他换药的时候，绝望的朱彦夫不断地把自己的脑袋往病床的栏杆上撞，他拒绝吃药，拒绝吃饭，也不想听医生的劝说，看到他这个样子，大家都束手无策。

这个时候院长冲进来对他吼道："你是一个志愿军战士，你在战场上连死都没有怕过，现在活下来了，你怕什么呢？"院长的这几句话，像一记重锤把他砸醒了，他一下子反应过来，自己这条命是所有的医护人员用了九十多天的时间抢救回来的，怎么能够再去想着自杀呢？

思考了一阵子之后，朱彦夫决定振作起来。虽然他失去了双手和双脚，但是他活下来了，既然活下来，就得好好地活着，要活出个人样来。他所做出的牺牲为的是保家卫国，党和国家用尽全力保住了自己的性命，他应该将余生过好。

朱彦夫决心做一个自食其力的生活强者，他说与命运搏斗，首先要学会不惧怕它，他放弃了党和国家给他的丰厚待遇，回到了家乡沂源县张家泉村。张家泉村是一个偏僻且贫穷的山村，当地土地贫瘠，村民们大多过着食不果腹的生活。他深知，只有知识才能改变命运，才能让村里人过上好的生活。随后，朱彦夫用自己的伤残抚恤金在村里创办了扫盲夜校，兴建图书室，购买图书资料，用残肢夹着粉笔教学。

1953年，朱彦夫被国家安置在山东荣军休养院疗养，邂逅了自己的伴侣陈希永。20岁的陈希永来朱彦夫的病房

查房，被朱彦夫的情况吓了一跳。但她从姑父那里听过朱彦夫故事后，对朱彦夫肃然起敬。一有机会，陈希永就去病床前照顾他，自强自立的朱彦夫更是深深地打动着她。陈希永不顾父母反对和朱彦夫结婚了。自此以后，陈希永就是朱彦夫的手和脚，为他洗衣做饭，甚至背着他上厕所。

1957年，朱彦夫被选为村党支部书记，带领张家泉村改变落后的现状，发展种植业。可朱彦夫对村子的地理以及土壤环境都不了解，他只能拖着假肢爬上村子的各个山头，观察村子的环境，为村子制订合适的种植计划。

在朱彦夫的带领下，张家泉村创造了冠绝全县的5个第一：第一个是修"大寨田"，硬是在贫瘠的荒山上开出80多亩的农田，还填平了自古以来就是荒草丛生的三条大山沟，为村里新增200多亩良田；第二个是系统整修水利，翻山越岭打了9口水井，建起了1500米长的灌溉渠；第三个是发展林果业，在山坡上建起40亩苹果园，2万株桑树园；第四个是建花椒园，建起一个多达10万株的花椒园；第五个是通电，在山上建起4座塔、数十根电线杆。

1982年，朱彦夫因病卸任了村支书，与下一任村支书事无巨细地交接好工作。

1987年，朱彦夫拿起笔，开始了文学创作。尽管没有双手，尽管已经年近60岁，但想到牺牲的战友，朱彦夫就劲头十足。朱彦夫一边构思，一边阅读，写作时遇到不会的字就查字典。他翻烂了4本字典，"啃"下了100多本中外名著，苦写7年，7易其稿，总计写下200多万字。1996年，朱彦夫33万字的自传体小说《极限人生》出版。此书一出，瞬间被抢购一空，长津湖战斗中的英雄事迹在尘封几十年后，再次被大家熟知。同年，朱彦夫中风，半边身体无法动弹，尽管如此，朱彦夫依旧笔耕不辍，又在两年后，出版了他的第二部作品《男儿无悔》。

1996年，病魔又一次袭击了朱彦夫，在一次报告会上，朱彦夫由于情绪激动，突发脑梗晕倒在了讲台上。2010年，妻子因肺癌去世，朱彦夫不顾世俗反对，坚持为她披麻戴孝。妻子过世后不久，朱彦夫突发心肌梗死。如果动手术治疗，需要10万元手术费。齐鲁医院当即表示："我们早已定下承诺，不让功臣花一分钱。"而朱彦夫坚决让家人交齐手术费："要么不治，要么一分不差地交费。"

朱彦夫的事迹感动了千千万万的人，外界给了他一个生动形象的称号——当代的保尔。他还先后被授予"人民楷模""时代楷模"等荣誉称号。2022年3月3日，朱彦夫被评选为《感动中国》2021年度人物。

对于自己获得的荣誉和成就，朱彦夫并不看重，他这么说："人活着，就要奋斗；奋斗着，就是幸福。"

无腿英雄
WU TUI YING XIONG

【延伸阅读】长津湖之战

长津湖是朝鲜北部最大的湖泊，位于赴战岭山脉与狼林山脉之间，由发源于黄草岭的长津江向北在柳潭里和下碣隅里之间形成，下游直通我国的界河——鸭绿江。长津湖地区崇山林立，平均海拔约1300米，山高路窄，林木茂密。这里每年10月下旬开始进入冬季，至11月下旬白天最低气温可达零下30多摄氏度，夜间气温则达零下40多摄氏度，作战环境十分险恶。

除了恶劣的自然条件，中国人民志愿军第九兵团还面临着装备精良、机械化武装的对手——侵入长津湖地区的美

国海军陆战队第一师,这是美国最精锐的部队,二战中他们在瓜达尔卡纳尔岛战役、冲绳岛战役中战功赫赫,号称"常胜师",被称为"美利坚之剑"。长津湖战役时,美第一师配备有重武器坦克、榴弹炮、迫击炮、战防炮以及空中支援。反观第九兵团,步枪、机枪、手榴弹、爆破筒是主要武器,加之山路险峻,美军飞机猖獗,大量汽车被毁,补给十分苦难。

就是在这样艰苦的条件下,第九兵团的战士们迎着瑟瑟寒风,忍受着辘辘饥肠,将这支拥有着当时世界上最先进的军事装备和补给供应机制的部队一举击退,创造了"当代战争史上的奇迹"。

第九兵团于11月初入朝后,决定采取"迂回切断、包围歼击"的策略。为达到伏击突袭的效果,10万余官兵昼伏夜行,躲避美军飞机的严密轰炸和低空侦察。为抵御严寒,战士们把棉被拆了做帽耳朵,取出袜子做手套,剪毛毯做袜子……滴水成冰的酷寒中,战士们一口干饼一口雪,就这样,第九兵团忍受着极度严寒、饥饿、疲惫,翻山越岭,奔袭在茫茫雪原中。11月27日,他们悄无声息地进入到预伏位置。

这天,长津湖地区突降大雪,气温降到零下30摄氏度,漫天飞雪中,随着一声令下,第九兵团向美军发起猛烈进攻。翌日,成功将美陆战第一师和步兵第七师一部分截成5段,分割包围在柳潭里、新兴里、下碣隅里以及古土里,形成了分割围歼的有力态势。

美军速用坦克、装甲车、汽车组成环形防线，并凭借强大的空中支援抵抗。志愿军第九兵团一面抗击美军攻击，一面调整部署。28日晚，志愿军继续对被围之敌发起进攻。

11月29日，"联合国军"总司令麦克阿瑟终于意识到取胜的希望渺茫，下令东西线部队全面南撤。

12月8日，当撤退到古土里的美陆战一师继续南逃时，发现唯一可以通过汽车的桥——水门桥"又"被志愿军炸毁。说是又被炸毁，是因为早在美军抵达之前，第九兵团已经于12月1日、12月4日，两次将水门桥炸断。但美军凭借着从运输机空投下来的组件，两次均在24小时内成功修复了水门桥。为了保护这一撤退的必经之路，美陆战一师先头部队用一个营的兵力和40辆坦克在水门桥严防死守。12月6日，第九兵团二十七军八十师组成两个连队的"敢死队"，每个人身背50余公斤的炸药，在漆黑的夜里，翻沟壑，越雪地，一边冲锋，一边隐蔽。终于穿过层层火力网，把敌人第二次修复的大桥连同根部基座全部炸毁。

美陆战一师师长史密斯听闻这个消息后，终于感到恐惧，他立刻上报求援，再次架桥。于是，美军连夜紧急加工桥梁，就这样，他们一边修桥，一边戒备，终于在48小时后第三次将水门桥修复通车。

12月13日，美军撤离至兴南、咸兴地区，兴南港外海、空火力强势掩护，阻挡志愿军继续推进。12月14日，撤退

到兴南港的"联合国军"开始登船从海上撤离。24日,最后一支美国军舰撤离,长津湖战役至此结束。

战后,美陆战一师的军史上将这次长津湖的撤退称为"地狱之旅"。

抗美援朝战争后,毛泽东在总结经验时曾说,志愿军打败美军,"靠的是一股气,美军不行,钢多气少"。在这场中美王牌部队的对决中,第九兵团的志愿军凭着一股"精气神",将"联合国军"驱逐出北朝鲜的东北地区,收复了"三八线"以北的东部广大地区。此次战役以及西线战区的胜利,一举扭转战争态势,成为朝鲜战争的拐点,为抗美援朝的最终胜利奠定了基础。

是怎样的信念让"雄赳赳、气昂昂"的战士不惧严寒、不畏生死,以血肉之躯直面敌人的飞机坦克呢?一位被冻死在死鹰岭上的战士——宋阿毛的绝笔诗或许能给我们提示:"我爱亲人和祖国,更爱我的荣誉。我是一名光荣的志愿军战士。冰雪啊!我绝不屈服於你,哪怕是冻死,我也要高傲地耸立在我的阵地上。"

后 记

为适应《中华人民共和国爱国主义教育法》颁布实施的新形势，满足社会各界特别是学校开展爱国主义教育的新需求，进一步帮助广大青少年夯实爱国、报国的思想根基，济南出版社特别组织出版骨干力量，在深入调研和充分论证的基础上，推出"爱我中国"系列丛书（全四册）。该套图书精选不同历史时期具有代表性的革命故事、英模事迹、建设成就，以"爱国故事＋延伸阅读＋绘图照片"的形式呈现，力求事理结合、文图兼备、通俗易懂，贴近青少年学习阅读习惯。书中那些改天换地的励志故事、扭转乾坤的铁血抗争、以身许国的赤子情怀、奋进图强的壮丽画卷，都在迸发着"爱我中国"的磅礴力量。

丛书的编撰工作得到国家机关和山东省、济南市宣传教育主管部门的有力指导，得到社会各界的热情支持，得到《雷锋》杂志社、山东省关心下一代工作委员会、山东省立德树人学会、山东孙子研究会等单位的重视帮助。陆继秋、张宁、宋贞贺、张修岩、李国良、秦冲参与研究策划与文稿整理，刘灿校、李国启、仇安、王建勇、张修蒙等参与书稿阅校。在此一并表示诚挚谢意！

编 者

2024 年 6 月

图书在版编目（CIP）数据

铁血建国 / 张振江编著. -- 济南：济南出版社，2024.8. --（爱我中国）. -- ISBN 978-7-5488-6580-3

Ⅰ. D647-49

中国国家版本馆 CIP 数据核字第 20247WR438 号

爱我中国——铁血建国
AI WO ZHONGGUO——TIEXUE JIANGUO

张振江　编著

出 版 人	谢金岭
图书策划	李　岩
责任编辑	姜　山　魏　蕾　张　珣
装帧设计	张　金
出版发行	济南出版社
地　　址	山东省济南市二环南路1号（250002）
总 编 室	0531-86131715
印　　刷	济南新先锋彩印有限公司
版　　次	2024年8月第1版
印　　次	2024年8月第1次印刷
开　　本	165mm×230mm　16开
印　　数	1-6000册
印　　张	7
字　　数	64千字
书　　号	ISBN 978-7-5488-6580-3
定　　价	32.00元

如有印装质量问题　请与出版社出版部联系调换
电话：0531-86131736

版权所有　盗版必究